Anette in Concas

Limburg zu Fuß

Die schönsten Sehenswürdigkeiten
zu Fuß entdecken

Durch das Scannen des QR-Codes werden Sie auf unsere Website geleitet (alternativ dazu finden Sie hier den Link: https://societaets-verlag.de/limburg-zu-fuss/). Mit dem Passwort LimburgEntdecken! erhalten Sie Zugriff auf den geschützten Bereich. Dort können Sie die gewünschten Tracks kostenfrei herunterladen und mit einem Endgerät Ihrer Wahl auslesen lassen.

Sämtliche Tracks wurden von Autorin und Verlag nach bestem Wissen und Gewissen überprüft. Dennoch können wir Fehler und Abweichungen leider nicht ausschließen, beispielsweise, wenn sich Gegebenheiten vor Ort verändern.

FSC
www.fsc.org
MIX
Papier | Fördert gute Waldnutzung
FSC® C083411

2022
Klimaneutraler Druck
mit firstclimate

1. Auflage

Satz: Bruno Dorn, Societäts-Verlag
Umschlaggestaltung: Julia Desch, Societäts-Verlag
Umschlagabbildung: ©PixelPower – stock.adobe.com
Fotos: Anette in Concas
Karten: © openstreetmap contributers
Druck und Verarbeitung: CPI books GmbH, Leck
Printed in Germany 2022

ISBN 978-3-95542-418-3

Besuchen Sie uns auch im Internet:
www.societaets-verlag.de

Inhalt

Vorwort

Es gibt etliche ansprechende Limburg-Führer und man könnte ja meinen, von einer solch kleinen Stadt gäbe es nicht noch mehr zu berichten. Liebhaber wissen es aber besser. Selbst die bekanntesten Sehenswürdigkeiten sind eingebettet in den Alltag, die Geschichte, Kultur, Religion und Kunst, aber auch in die Träume, Visionen und Sehnsüchte der Menschen. Und so geht es in unserem Buch »Limburg zu Fuß« nicht darum, Zahlen und Fakten herunterzubeten, sondern Begegnungen zu ermöglichen.

Bei den Spaziergängen durch Limburg treffen wir immer wieder Menschen und Orte, die diese Stadt einzigartig und lebendig gemacht haben oder heute noch machen. Oft sind es dieselben Plätze oder Personen und doch sieht man sie jedes Mal mit anderen Augen. Der Bootsfahrer erlebt den Dom von unten, der Gläubige von innen, der Wanderer von weitem, der Tourist von vorne und Kinder entdecken sogar einen Rapunzelturm in den alten Mauern.

Da die Domstadt und ihre Bewohner ständig in Bewegung sind, kann sich natürlich auch schnell etwas ändern. »Limburg zu Fuß« ist also eine Momentaufnahme, vor allem aber eine Anregung, selbst auf Spurensuche zu gehen. Wunderbare Wegbegleiter sind dabei übrigens die Limburger selbst. Sie sorgen für gute Gespräche, Essen, Trinken und weiche Betten. Auch in den charmanten, oft noch inhabergeführten Geschäften wartet ein bunter Warenkorb voller Erinnerungen an die Domstadt.

Machen Sie sich einfach mal auf den Weg, mit der Familie, mit Freunden, mit dem Hund und natürlich mit Ihrer eigenen Entdeckungsfreude. Viel Vergnügen dabei!

Allen, die mir bei der Entstehung dieses Buches zur Seite standen, sei an dieser Stelle ein herzliches Dankeschön gesagt.

Anette in Concas

1 – Bergauf, treppauf – Alle Wege führen zum Dom

Bergauf, treppauf – Alle Wege führen zum Dom

Wer sich zu seinen Sünden bekennen will, ist hier auf dem rechten Weg

Hoch oben auf dem Felsen grüßt der **Limburger Dom** ins weite Land. Autofahrer, die Limburg nur von der A3 aus sehen, freuen sich (leider nur noch durch karierte Lärmschutzscheiben) an dem Anblick, der einst den 1.000-DM-Schein zierte und an die guten alten Zeiten erinnert. Zu Fuß geht es auf vielen Wegen zur mittelalterlichen Kathedrale, aber immer entweder treppauf oder bergauf.

Dauer: ca. 50 Minuten
Strecke: 1 km
ÖPNV: Haltestelle Konrad-Kurzbold-Straße

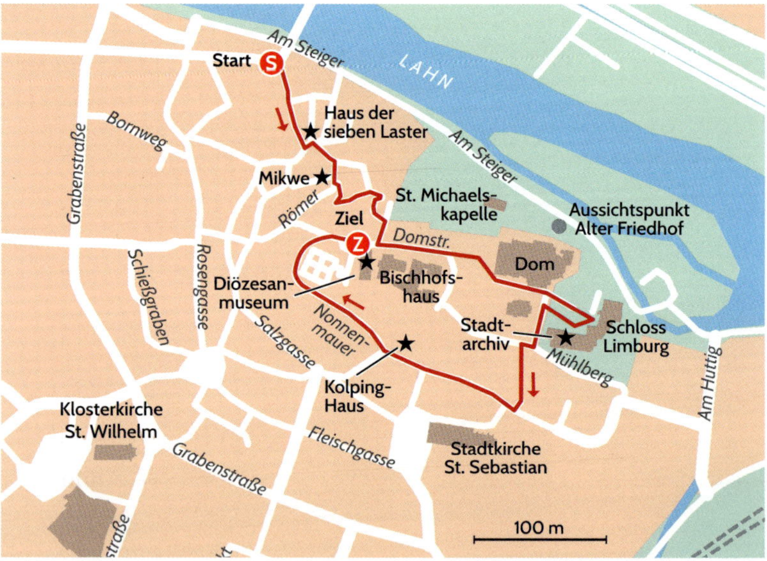

Wer von der Brücke zum Dom geht, wird durch die sieben Laster, dargestellt als Fratzen, an die eigenen Sünden erinnert.

Unser Spaziergang zur Bischofskirche beginnt an einem der Eingänge zur Altstadt, beim **Hotel Nassauer Hof**. Am Ende der Fahrgasse steht links das **Haus der sieben Laster**. Es stammt aus dem 16. Jahrhundert und ist bekannt geworden durch die geschnitzten Gesichter, die das denkmalgeschützte Fachwerkhaus am Übergang zum ersten Stockwerk zieren. Hier haben die Baumeister den biblischen Lastern Hochmut, Neid, Unmäßigkeit, Geiz, Wollust, Zorn und Trägheit jeweils eine eigene Physiognomie verliehen. Gestaltet wurden sie zum einen, um die bösen Geister abzuwehren. Sie sollten aber auch die Pilger, die über die alte Brücke kamen und zum Dom hinaufzogen, an ihre eigenen Verfehlungen erinnern – und dann zur Beichte führen. Wer sich also zu seinen Sünden bekennen will, ist hier auf dem rechten Weg.

Wir gehen geradeaus weiter in das winzige Gässchen zwischen den Häusern gegenüber. Das Gässchen heißt Römer und führt zum Römer. Eigentlich müsste man sagen »zu den Römern«, denn es sind gleich mehrere Häuser, die so genannt werden. Links ist der **Rö-**

Hinter dem Römer liegt die ehemalige jüdische Badestätte.

mer 1, ein Fachwerkständerbau von 1296, der lange Zeit als Armenhaus der Stadt diente. Heute liegt er etwas abseits, aber als er erbaut wurde, stand er ganz in der Nähe des Brückenkopfs der ehemaligen Holzbrücke und bildete mit dem Römer 2-4-6 einen Eingang zur Stadt. Wer die lange Treppe hier hochläuft, kommt zum Dom.

Wir wenden uns aber einfach wieder nach rechts und sehen ein ungewöhnlich großes gotisches Fachwerkhaus. Das ist der **Römer 2-4-6**. Er hat eine Grundfläche von 7,5 mal 11 Metern und eine Firsthöhe von stolzen 23 Metern. Das nationale Denkmal ist das älteste Fachwerkhaus der Stadt und eines der ältesten freistehenden Fachwerkhäuser Deutschlands. Limburg ist übrigens die einzige Stadt in Deutschland, die Fachwerk vom 13. bis zum 19. Jahrhundert vorweisen kann. Erbaut wurde der Römer 2-4-6 im Jahr 1289 nach einem großen Stadtbrand, der alles vernichtete. Bei seiner Sanierung, rund 700 Jahre später, wurden die Gefache wie bei der Erbauung mit Lehm und Weidengeflecht ausgefüllt. Der Lehm wurde in mindestens drei Schichten aufgetragen – dadurch waren die Gebäude besonders atmungsaktiv.

Direkt dahinter wurden die Reste eines jüdischen Kultbades, genannt **Mikwe**, entdeckt. Schön, dass die Stadt hier mit einem übersichtlichen Bronzemodell zeigt, wie es hier früher ausgesehen hat. Werfen Sie mal einen Blick darauf!

Wir gehen die Treppe hoch und halten uns dann rechts. Nur wenige Schritte durch das winzige Gässchen braucht es, bis wir an einer kleinen Kreuzung stehen. Nach unten geht es zum Fischmarkt, nach oben, und da wollen wir auch hin, auf den Domberg.

Auch hier gibt es auf Schritt und Tritt etwas zu erzählen. Zuerst schauen wir auf den **St. Georgsdom**, der sich am Ende des Wegs in seiner ganzen Schönheit vor uns aufbaut. Rechts von uns öffnet sich das Tor zum **Diözesanmuseum**. Schon der Hof der Domstraße 12 und der dazugehörende **Mariengarten** mit den drei Brunnen haben viel zu erzählen, bleiben aber oft unentdeckt. Das Museum selbst wurde bereits 1903 gegründet und 1905 im Schloss eröffnet, wo es Jahrzehnte lang untergebracht war. 1984 wurden die Bestände des Domschatzes und Diözesanmuseums unter einem Dach vereinigt, und sind seither, von April bis Dezember täglich außer montags, in der Domstraße zu besichtigen. Verbunden waren Umzug und Neugestaltung des Museums mit einer zweijährigen Jubiläumsausstellung über den Limburger Dom, der 1985 seinen 750. Geburtstag feierte.

Als Zierde für die Hofanlage aus dem 16. bis 18. Jahrhundert entstand ein **Samson-Brunnen**, den der früh verstorbene Künstler Wilhelm Jungherz, der rund 20 Jahre als Architekt im Diözesanbauamt tätig war, entworfen und gebaut hat. Im Sommer nutzen die Besucher den Brunnen gerne zur Erfrischung. Auch der eine oder andere kleine Hund wird schon mal ins kühle Nass gesetzt und kann dann, mit dem Blick nach oben, die Mini-Büste des Helden studieren.

Samson als Brunnenfigur

Samson als Brunnenfigur im Hof des Diözesanmuseums.

Samson war der drittletzte Richter im Alten Israel vor der Königszeit. Sein Leben wird im Alten Testament der Bibel im Buch der Richter in den Kapiteln 13 – 16 geschildert. Die Brunnenfigur zeigt die Szene, in der Samson auf der Reise zu seiner Hochzeit einem Löwen begegnet. Er besiegt ihn und entnimmt dessen Kadaver einen Bienenstock. Der folgende Rätselwettstreit, der Verrat seiner ersten Verlobten, die anschließend einen anderen heiratete, seine immense Kraft und seine Gewalttaten (Samson erschlug 1.000 Philister mit einem Eselskinnbacken) sind ebenso berühmt wie das Geheimnis seiner Kraft, das ihm seine zweite Verlobte, Delila, auf Drängen der Philister entlockte. Nachdem bekannt war, dass Samsons Kraft in seinem Haar gründete, wurden ihm die Haare abgeschoren. Die Philister nahmen ihn gefangen, blendeten ihn und setzten den Blinden zum Mahlen von Getreide ein. Auch im Dom gibt es eine spannende Samson-Darstellung. Schauen Sie sich das Fresko an.

Hinter Samson geht es die Treppe hinunter. Hier, an der Westspitze der **Nonnenmauer**, liegt der Mariengarten mit zwei weiteren Brunnen: Beim Eingang steht der **Löwenbrunnen**, der zurzeit nicht in Betrieb ist, da das Wasser sofort grün wird. Das viereckige Becken wird normalerweise aus dem Löwenmaul gespeist. Wer die vier quadratischen Felder des Mariengartens durchquert, stößt unter dem

Der Hof im Bischofshaus führt zur neuen Kapelle.

Birnbaum auf einen noch neuen, würfelförmigen **Brunnen**, der die lateinische Inschrift »Der Mund der Weisheit ist ein rauschender Bach« trägt. Sein Wasser steigt an den Seiten empor und fließt, eben wie ein rauschender Bach, über die Kopfseite des Steins. Ein Plätzchen zum Innehalten und Ruhe finden.

Das Diözesanmuseum in Limburg besitzt heute deutschlandweit eine der bedeutendsten Sammlungen sakraler Kunst – vom Mittelalter bis zum 20. Jahrhundert. Im Inneren kann jeder den berühmten Domschatz entdecken. Eigentlich sind es ja Schätze – denn hier gibt es mehr zu sehen als »nur« das wertvollste Stück, die byzantinische Kreuzlade, die **Staurothek** genannt wird und in der tatsächlich Splitter vom Kreuz Jesus Christus liegen sollen. Die Heilige Helena, Mutter von Kaiser Konstantin, hat das Kreuz bei ihrer Pilgerfahrt in Jerusalem gefunden, so heißt es. Sie hat es mit nach Konstantinopel genommen. Mit den Kreuzfahrern des vierten Kreuzzugs kamen die Holzsplitter, die mittlerweile in der kostbaren Lade lagen, zunächst an die Mosel. Herzog Wilhelm von Nassau überreichte 1835 die Staurothek als Säkularisationsgut dem acht Jahre zuvor gegründeten Bistum Limburg.

Auch die wertvolle Georgsplastik ist im Museum zu finden.

Im Museum wird die Geschichte des Bistums in den gezeigten Gegenständen lebendig. Zu finden sind Bischofsschmuck und Insignien, mittelalterliche Skulpturen, kirchliche Gewänder und Stoffe, Gemälde und liturgische Geräte.

Zudem hat das Diözesanmuseum eine neue und fast weltbekannte Dependance. Sie erinnern sich? Franz-Peter Tebartz-van Elst, von 2008 bis 2014 Bischof von Limburg, hat mit dem Neubau und den umfassenden Sanierungen auf dem Domberg für weltweite Schlagzeilen gesorgt. Nachdem er auf sein Amt verzichtet hatte, wurden das Erdgeschoss seiner ehemaligen Bischofswohnung und die angrenzende **Kapelle** »Maria mit den Aposteln im Abendmahlssaal« in das Museum integriert. So haben Limburgs Besucher jetzt die Freude, die moderne Kapelle mit ihren großen Buntglasfenstern von Johannes Schreiter zu bewundern.

Das sogenannte **Bischofshaus** ist nach wie vor magischer Anziehungspunkt für Touristen und im Ganzen sicher eine Aufwertung für den Domberg. Zum sorgfältig sanierten Gebäudekomplex zählen auch die **Alte Vikarie**, in der der Nachfolger Bischof Dr. Georg Bätzing seit 2016 seinen Arbeitsplatz hat, und das ehemalige **Domküsterhaus**, in dem vorübergehend das Pfarrbüro untergebracht ist. Übrigens hat Franz-Peter Tebartz-van Elst auch für eine besondere Krippe im Dom gesorgt. Wer in der Weihnachtszeit nach Limburg kommt, sollte sie sich anschauen. Neben den handgeschnitzten Figuren wird Jahr für Jahr eine zauberhafte Landschaft aufgebaut. Sie integriert das Heilige Land in die Bistumslandschaft.

Ein Blick von hinten – der Garten mit dem ehemaligen Dompfarrhaus.

Links vom Museum lockt ein **Kiosk** die zahlreichen Touristen zum Souvenirkauf. Schon über 30 Jahre betreuen Cosimo Suma und Ehefrau Doris das Lädchen. Die Besucher kaufen hier Tellerchen für die Oma, einen Spazierstock-Beschlag für den Opa, oder umgekehrt, einen Anhänger für ein Bettelarmband für die Enkelin. Und überall ist der Dom drauf. Das beliebteste Mitbringsel in all den Jahren war aber immer der Limburger Dom als Bastelbogen zum selbst Nachbauen.

Jetzt geht es ein Stück den Berg hinauf. Hinter dem Kiosk und dem angrenzenden Parkplatz ist der alte **Friedhof**. Hier hat die Stadt in den letzten Jahren mit der Neugestaltung begonnen. Wege wurden angelegt oder neu gepflastert, Geländer ersetzt, Sitzbänke aufgestellt und gepflanzt. Der bestehende Baumbestand des Domplateaus wurde integriert. Auf dem alten Friedhof finden sich noch die Grabsteine bekannter Limburger Familien.

Wer links an der **Michaelskapelle** vorbeiläuft, kommt auf die große Terrasse, die einen weiten Blick auf Stadt und Lahn ermöglicht. Die alte Bruchstein-Kapelle aus dem 13. Jahrhundert steht am

Rechts ist das Diözesanmuseum, dahinter schließen sich Kapelle und Bischofshaus an.

Rande des Domfelsens. Sie war Friedhofskapelle und Beinhaus. Ab Mitte des 19. Jahrhunderts wohnte hier auch der städtische Totengräber. Heute wird der mit Rosen verschönte, romantische Bau für Empfänge, Lesungen und kleinere Konzerte genutzt.

Rechts an der Kapelle vorbei gibt es eine zweite Terrasse. Sie ist lang und schmal und gewährt den Blick auf die Limburger Autobahnbrücke. Diese sogenannte **Lahntalbrücke** hat eine Länge von 450 Metern und verläuft etwa 62 Meter über dem Fluss. Sie wurde 2016 fertiggestellt und ersetzt die Spannbetonbalkenbrücke von 1964. Deren Vorgängerin wiederum wurde 1937 mit einer Länge von 500 Metern erbaut. Die 13 Pfeiler wurden noch mit Naturstein verkleidet. Wehrmachtssoldaten sprengten diese zweite Brücke in der Nacht zum 26. März, um die US-Truppen aufzuhalten. Bis die neue Brücke 1964 fertig wurde, gab es ab 1949 eine Behelfsbrücke.

Wer ganz ans Ende der Terrasse läuft, entdeckt die zahlreichen

Romantisch und ein bisschen gruselig: Im ehemaligen Gebeinhaus lebte auch der Totengräber.

kleinen bunten Vorhängeschlösser, die die Verliebten unter den Besuchern hier am Gitter des Domherrenfriedhofs befestigt haben – ganz offensichtlich, um mit Hilfe eines Eisenschlosses und Gottes Segen die Beziehung zu stärken. Kinder entdecken aber noch viel mehr. Das bruchsteinerne **Treppenhaus**, das an die Sakristei anschließt, ist nämlich nur von hier zu sehen und wirkt wie ein richtiger Rapunzel-Turm – einfach märchenhaft!

Auf dem Rückweg zum Dom gehen wir kurz durch das Tor zum **Domherren-Friedhof**. Hier liegen nur Domkapitulare. Einer unter ihnen muss ein wirklich guter Mensch gewesen sein: Dem ehemaligen Bistumsverweser wird auf dem Grabstein ungewöhnliche Selbstlosigkeit, seltene Herzensgüte, eine Quelle des Segens für viele und ein Beispiel der Tugend bescheinigt. Eine Überraschung gibt es dann aber auch: Frau Kanzleirat Vollbracht hat es merkwürdigerweise auch hierhin geschafft.

Limburg hat einen richtigen Rapunzel-Turm, der aber nur vom Ende der schmalen Terrasse zu sehen ist.

Wir gehen zurück auf den Domplatz. Alle Köpfe gehen nach oben, um das Bauwerk in seiner ganzen Pracht zu bewundern. Kirchen sind in die Höhe gebaut, um den Menschen aus dem Alltag mit seinem Kleinkram herauszuholen und den Blick nach oben, zu Gott, zu lenken. Der Limburger Dom hat sieben Türme (sieben ist die heilige Zahl) und trägt wahrscheinlich die gleichen Farben wie bei seiner Einweihung 1235. Wer Zeit hat, sollte unbedingt die überhaupt nicht trockene, sondern sehr lebendige Führung mit den Domschwestern nutzen.

Kirchen sind in die Höhe gebaut, um den Blick zum Himmel zu lenken.

Zwei Patrone einer himmlischen Stadt

Domküster Bruder Elmar zeigt das Grab von Konrad Kurzbold.

Kunst, Geschichte und natürlich Religion vereinigen sich im Limburger Dom zu einem einmalig schönen Ensemble. Patrone sind der Drachentöter St. Georg und der heilige Nikolaus. Der Innenraum hat die Form eines Kreuzes und ist so aufgebaut, wie sich der Evangelist Johannes in der Bibel Jerusalem als himmlische Stadt vorgestellt hat. Die Stadt wird von zwölf Pfeilern (zwölf Apostel) getragen und hat vier Stockwerke mit Bögen und Arkaden, wo die Heiligen wohnen. An den Stifter und Erbauer der Vorgängerkirche, Konrad Kurzbold, der im Jahr 948 starb, erinnert das große Tischgrab, das ihn lebensgroß und in staufischer Tracht zeigt.

Der Stammbaum der heiligen Familie schmückt eine ganze Wand.

Dieser berühmte Mann, der weder Frauen noch Äpfel mochte und ziemlich klein war, bekam vom letzten ostfränkischen Karolingerkönig »Ludwig das Kind« im Jahr 910 einen Gutshof im nahen Oberbrechen geschenkt. Die Einkünfte dieses Hofs sollten Konrad Kurzbold helfen, auf dem Berg Lintburk ein Stift zu gründen und eine Kirche zu bauen. Diese erste Säulenbasilika von Konrad wurde 1058 durch eine Steinkirche erweitert oder ersetzt. Der heutige Dom wurde 1180 bis 1235 als Stiftskirche gebaut. 1827 wurde durch die konfessionelle Neuordnung des Herzogtums Hessen aus der Stiftskirche der Dom. Unbedingt anschauen sollte man sich das

Taufbecken, das genauso alt ist wie das Gotteshaus, den ungewöhnlichen Stammbaum der heiligen Familie, die Marienkapelle, die Fenster, die Fresken, die Bilder von Heiligen und ihren Legenden, die Altäre, das Sakramentshaus aus dem Jahre 1496, Samson und St. Christopherus. Auch Kindern lässt sich der Limburger Dom in seiner Symbolik und Bildhaftigkeit wunderbar erklären. Die Schwestern der geistlichen Familie »Das Werk«, Domschwester Marion und Domschwester Waltraud, führen gerne große und kleine Besucher durch das Gotteshaus. Wenn Sie Glück haben und dem Küster Bruder Elmar begegnen, können Sie sicher auch mal einen Blick hinter den Altarraum werfen.

TERMINE KÖNNEN SIE VEREINBAREN UNTER:
Sekretariat Domführungen
Domplatz 4
65549 Limburg
Tel.: 06431-929 799 50
domfuehrungen-limburg@bistum-limburg.de
www.dom.bistumlimburg.de
Dienstag bis Freitag immer 11 Uhr und 15 Uhr
Samstag 11 Uhr, Sonntag um 12 Uhr
Eintrittspreis: 3 Euro für Erwachsene ab 16 Jahren

Hier auf dem **Domplatz**, der einst eine merowingisch-fränkische Courtis bildete, war der Sitz der Gaugrafen. Heute ist es kaum vorstellbar, dass der Platz einmal dicht bebaut war. Damals standen hier 13 stolze Burgmannen-Häuser. Die **Vikarie**, also das Eckhaus gegenüber dem Dom, wo Bischof Georg jetzt sein Büro hat, war eines davon. Wenn im Sommer das Fenster im ersten Stockwerk geöffnet ist, stehen Sie also vis-à-vis zum 13. Bischof von Limburg und Vorsitzenden der Deutschen Bischofskonferenz.

Das Haus mit dem malerischen Erker und dem repräsentativen Fachwerk zählt zu den bedeutendsten spätmittelalterlichen Wohnbauten in Limburg. Daneben im Hof ist der ehemalige Eingang zum neuen Bischofshaus. Dann folgt Domplatz Nummer 6. Dort ist jetzt die **Dompfarrei** untergebracht. Links davon geht es wieder treppab in die Stadt. Die liebevoll restaurierte, ehemalige **Scholasterei** am Domplatz 5, mit Bauteilen noch aus 1296, schließt sich an. Vor dem Nachbarhaus, auf den ersten Blick hinter dem großen Tor verborgen, blüht und duftet es im Sommer fröhlich. Der schmucke Vorgarten führt zur Nummer 4, einem Fachwerkhaus, das im oberen Teil mit Schiefer verkleidet wurde. Das Gemäuer beherbergte einst die Domdechanei. Die alten Steine werden bis in die Jahre 1307/8 zurück datiert. Heute ist hier das Büro für Domführungen eingerichtet. Und wenn wir jetzt ein paar Schritte zwischen Dom und Mauer laufen, sehen wir den Domplatz 3. Im Dompfarrhaus mit Pfarrgarten wohnte und wirkte Jahrhunderte lang der Dompfarrer. Der Garten des Pfarrhauses war immer schon beliebter Treffpunkt bei festlichen Anlässen.

Unser Spaziergang endet im **Burghof**, dort, wo im zehnten Jahrhundert mit Konrad Kurzbold die Verwandten des ersten deutschen Königs, Konrad I.,

Die alte Vikarie auf dem Domplateau ist heute Arbeitsplatz des Bischofs.

Der 13. Bischof von Limburg heißt genau wie der Dompatron Georg.

Das ehrwürdige Schloss hinter dem Dom hat schon vielen Zwecken gedient.

lebten. Nach Gründung des Stifts begann auch die befestigte städtische Siedlung vor der **Burg**. 1200 wurden die Stadtmauern errichtet. Die Isenburger Grafen übernahmen um 1220 die Lehnsherrschaft über Burg und Stadt, Vogtei und Stift. Sie errichteten den Wohnturm und bauten die Kapelle. Imagina von Isenburg kam hier zur Welt. Die um 1250 geborene Limburgerin wurde Ehefrau des deutschen Königs Adolf von Nassau. Nach dem Aussterben der Isenburger diente das Schloss dem Kurfürstentum Trier als Verwaltungssitz. 1803 wurde das Stift aufgelöst.

Das Schloss und die Stadt gehörten mittlerweile dem Hause Nassau-Weilburg, dann dem Königreich Preußen. 80 Jahre lang (bis 1963) diente es als Gewerbe- und Haushaltsschule. Das Diözesanmuseum war ebenfalls hier einmal untergebracht. Der Südflügel des Schlosses brannte 1929 nieder, wurde aber wieder aufgebaut. Nach dem Zweiten Weltkrieg übernahm das Land Hessen die Burg, die im Jahr 2000 für den symbolischen Preis von einer Mark pro Quadratmeter Grundfläche an die Stadt verkauft wur-

Hier lebten die Verwandten des ersten deutschen Königs.

de. Die italienische und die portugiesische Gemeinde waren hier zu Hause, auch der erste Limburger Jugendclub. Seit 1977 ist hier das **Stadtarchiv** untergebracht. Auch Teile der Dommusik wie die Mädchenkantorei und der Domchor proben hier.

Wer durch die Stadt an den Ausgangspunkt zurücklaufen mag, findet direkt vor dem Tor zur Burg einen steilen Weg nach unten zur nächsten Domtreppe. Sie führt auf den **Roßmarkt**, gegenüber dem **Bischöflichen Ordinariat** und der **Stadtkirche**. Wir halten uns ganz rechts und gehen die Kolpingstraße hoch.

Rechter Hand steht das schöne **Kolpinghaus**, davor und dahinter sind die kleine und die große Domtreppe. Gegenüber von der zweiten Treppe grüßt ein kleiner Erzengel Raphael, Schutzpatron der Kranken und Apotheker, aus einer Nische der ehemaligen Kapelle der Franziskanerinnen. Diese »guten armen Meiden« waren seit 1339 in Limburg tätig. Ihre wichtigsten Aufgaben waren die Krankenpflege und das Beten für die Toten. Streng überwacht von der Wollweberzunft durften sie im Kloster Betlehem, wo sie lebten,

Aus einer Nische der ehemaligen Kapelle, ganz links, grüßt der kleine Erzengel Raphael. Rechts geht es die Nonnenmauer entlang.

auch zwei Webstühle für die Eigenversorgung an Tuch und Wollstoffen aufstellen. Wir laufen jetzt am **ehemaligen Kloster** entlang (heute umgebaut zu Eigentumswohnungen). Die kleine Straße bergauf nennt sich – nach den Franziskanerinnen – die **Nonnenmauer**. Am Ende des kleinen Rundwegs stehen wir wieder unterhalb des Diözesanmuseums.

Die Domglocken

Für alle, die noch nicht genug gelesen haben, hier noch ein kleiner Anhang mit Blick auf die beiden vorderen Türme des Doms, die Sie von hier gut sehen können. Ganz oben, hinter dem Mauerwerk, verbergen sich die Glocken. Spätestens wenn Sie »Lord Peter Wimsey – der Glocken Schlag« gelesen haben, dürfte Ihnen bewusst werden, welchen Einfluss Glocken in der Vergangenheit auf das menschliche Leben hatten. Auch Limburg blickt mit Stolz auf seine Glocken, besonders seit Dezember 2019. Da ist nämlich die zehnte Glocke und damit das hohe C in den Dom gezogen – als Geschenk einer Limburger Familie namens Rauch.

Im Nordturm hängen die beiden historischen Glocken. Die Sturmglocke, genannt Sterm, wird auf die Gusszeit 1200 bis 1250 datiert. Die kleinere Uhrglocke stammt aus dem Jahre 1447. Die übrigen Glocken im Südturm bilden das Hauptgeläut. Unvergleichlich ist das Klangerlebnis aller Glocken (tutti), das nur dreimal im Jahr, an Weihnachten, zu Neujahr und an Ostern zu hören ist. Das Besondere ist die unterschiedliche Schwungdauer, die mit zunehmender Größe einer Glocke länger wird. Dadurch ergeben sich die verschiedenen Rhythmen und die variierenden Tonfolgen des Glockengeläuts. Zunächst klingt das c‘ der neuen Katharina-Kasper-Glocke, dann folgen die anderen Stimmen nach ihrer Größe. Die Bernardusglocke mit ihrem a‘, dann die Glocke des zweiten Dompatrons, St. Nikolaus, mit dem g‘, anschließend die Glocke des Domstifters Konrad Kurzbold mit dem f‘. Es folgt die Heilige Familie mit Josef (e‘), Maria (d‘) und der Salvatorglocke (c‘), bis schließlich die gewaltige Georgsglocke, die alleine 4.466 Kilo wiegt, mit ihrem a‘ das Glockenspiel abrundet.

Hoch über den Dächern der Stadt – die Katharina-Kasper-Glocke

Ihren ersten Auftritt hatte die Katharina-Kasper-Glocke zu Beginn des neuen Kirchenjahres am Vorabend des ersten Adventssonntags 2019. In den nächsten Jahrhunderten wird sie das Domgeläut unterstützen und die Menschen in ihrem Leben begleiten.

2 – Tal Josaphat – Kleines Paradies für Kinder und Hunde

Tal Josaphat – Kleines Paradies für Kinder und Hunde

Von »Milchkuren« zum Open-Air-Kino

Auch Stadtkinder müssen bei jedem Wetter raus. Wunderbare Spaziermöglichkeiten dafür bietet das Tal Josaphat, mit jeweils einem großen Spielplatz am oberen und unteren Talende. Unterhalb des ehemaligen Eishauses am »Busche Weier« finden sich etliche Parkplätze für all die, die mit dem Auto kommen.

Dauer: ca. 60 Minuten
Strecke: 2,5 km
ÖPNV: Haltestelle Eschhöfer Weg

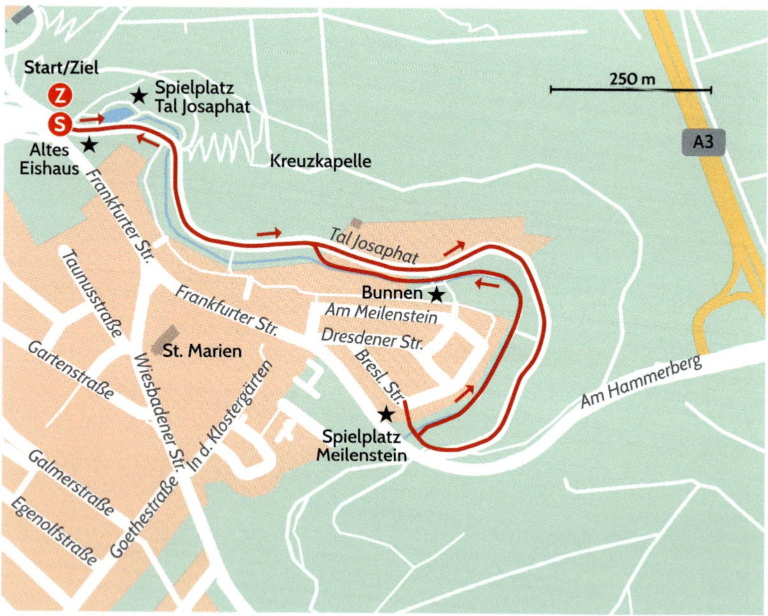

Der Eingang zum Tal. Rechts ist das alte Eishaus, links Busche Weier.

Der Spaziergang beginnt direkt hinter dem Parkplatz, am **Alten Eishaus**, das im Jahr 1904 von der ehemaligen Limburger Brauerei Busch in massiver Backsteinbauweise in Auftrag gegeben wurde. Das heute denkmalgeschützte Gebäude diente nicht nur als Pferdestall, sondern vor allem als Fass- und Eislager.

Die Eisblöcke zur Kühlung wurden im Winter gleich gegenüber im »**Busche Weier**« abgebaut. Heute sprudelt die kürzlich erneuerte Fontäne munter vor sich hin. Kleine Wasserfrösche, Kröten, Libellen und andere Insekten besiedeln den ökologischen Lebensraum, der direkt an den **Bolzplatz** und den beliebten **Skaterpark** grenzt. Zwei Schritte weiter lockt schon der vom Greifenberg und Wald eingerahmte Spielplatz **Tal Josaphat**, der 2017 erneuert wurde. Nicht nur die Augen der Jüngsten glänzen beim Anblick der großen Rutsche, der 28 Meter-Seilbahn, der Feder-Wippgeräte, der fünf Meter hohen Seilnetzpyramide, Trampolin, Doppelschaukel und vielem mehr. Jetzt müssen sich die Eltern entscheiden! Erst spazieren und

Romantischer kleiner Weier vor dem Bolzplatz.

Für Ruheplätzchen ist gesorgt.

dann auf den Spielplatz? Oder erst auf den Spielplatz und dann weiter durch das Tal, an dessen Ende am Wohnwinkel Meilenstein ein zweiter, ebenfalls attraktiver Spielplatz wartet.

Wie auch immer: der geteerte Weg führt vom Spielplatz aus direkt in das Tal. Eine Allee aus Linden, Eichen und Rotbuchen säumt die Straße, die nur von Anwohnern befahren wird. Ansonsten kommen Radler, Jogger oder andere Spaziergänger vorbei. Wer auf dem geteerten Weg bleibt, kann hier bequem den Kinderwagen schieben. Se-

Schön für Herrchen und Hund. Der Trampelpfad am Bach.

nioren nutzen auf dieser Strecke ebenfalls jegliche Art von Gehhilfen problemlos.

Der Blick führt von den alten Bäumen auf die hellen Lichtungen mit Sauerampfer, Brennnesseln und Farnkraut. Die Stadt und andere liebenswerte Zeitgenossen haben immer wieder für Bänke gesorgt. Eine ist sogar überdacht. Das ist dem Engagement eines Hausbesitzers zu verdanken, der mutig zu Säge und Holz griff und ein kleines Wartehäuschen erstellt hat.

Ein leichter Anstieg bestimmt den Hinweg, der an der **Brücke** zum Meilenstein endet. Links ist der Durchgang zum **Eduard-Horn-Park**. Wer mit zwei oder vier Rädern unterwegs ist, sollte hier umkehren und den gleichen Weg zurück spazieren. Es lohnt sich aber für Eltern oder Großeltern mit größeren Kindern und für alle, die mit ihrem Vierbeiner spazieren gehen, auf dem schmalen Trampelpfad, der wieder ein Weg werden soll, direkt entlang des **Kasselbachs** zurückzulaufen, also quasi einen kleinen Rundweg einzuschlagen. Der Blick auf den Bach ist dank des wilden Bewuchses fast

Den kleinen Brunnen gibt es schon über 90 Jahre.

nicht mehr möglich. Überhaupt liegt viel Idylle darin, dass das Tal mit Natur-Romantik glänzt.

Den Trampelpfad flankieren kleine Holzbrücken, die den Bach überqueren und zum Teil bergauf zum nächsten Weg unterhalb der angrenzenden Häuserreihe führen. Zwischen den beiden Brückchen liegt noch immer der in Bruchstein gefasste **Brunnen**, der mindestens 90 Jahre auf dem Buckel hat. Er bietet leider nur Quellwasser und kein Trinkwasser. Und links dahinter gibt es eine ebenfalls uralte Besonderheit. Eine rund 150 Jahre alte **Silberpappel**, die, genau wie viele weitere Teile des Tals, von engagierten Bewohnern des Tals und des Meilensteins gepflegt wird. Diese Interessensgemeinschaft hat sich 2019/20 gebildet und erfreulicherweise vieles wieder ins rechte Licht gerückt, zuletzt den »Busche Weier«.

Irgendwann führt der Pfad vor dem kleinen Brunnen zurück zum geteerten Weg – und da ist ja auch wieder der Spielplatz. Dann heißt

Tolle Spielmöglichkeiten gibt es im Tal Josaphat.

es hier noch einmal: eine Runde toben!

Seit vielen Jahren lädt die Stadtjugendpflege übrigens hier ab Mitte August, nach Einbruch der Dunkelheit, zum Open-Air-Kino ein. In den Sommermonaten steht eine WC-Anlage zur Verfügung. Der Spaziergang hin und zurück ist für alle Altersklassen der Familie geeignet. Die rund zweieinhalb Kilometer lassen sich gut und gemächlich laufen.

Das kleine Naherholungsgebiet, das vom Kasselbach durchzogen wird, wurde um 1900 südwestlich des Greifenbergs angelegt. Zu verdanken ist es einem Sohn der Stadt, dem Natur und Mitbürger gleichermaßen am Herzen lagen: Joseph Heppel. Er war nicht nur Vorsitzender des Verschönerungsvereins, sondern auch Gründer der Limburger Blechwarenfabrik und sorgte mit seinen Spenden und seinem Verein engagiert für die Entwicklung des kleinen Naherholungsgebietes.

Milch galt als Allheilmittel.

Die Menschen waren begeistert. Auch ein findiger Gastwirt namens Anton Groß erkannte den Reiz des Tales mit dem biblischen Namen (Tal Josaphat bedeutet »der Herr ist Richter«) und eröffnete 1909 in der Hanglage entlang des geteerten Weges, wo heute noch mehr oder weniger versteckt Wohnhäuser stehen, eine **»Milchanstalt«**.

Das war aber kein Geschäft, wie man denken könnte, sondern eigentlich ein Kurhaus, in dem der Wirt sozusagen »Milch als Allheilmittel« anbot. Wer ausgiebig kuren wollte, konnte hier sogar übernachten! Dass die Milch dem einen oder anderen eher ein Schmunzeln entlockte und manchen sogar sauer aufstieß, dürfte jedem klar sein – schon ein Jahr später wurde tüchtig auch mit Bier und Wein gezecht. Und es gab natürlich auch lukullische Freuden!

Zudem wurde in jener Zeit im Kurhaus (Tal Josaphat Hausnummer 5) auch Musik gemacht und getanzt. Im Nebengebäude, Hausnummer 6, war nämlich eine Pianowerkstatt zu Hause (das Geschäft war im heutigen **Café Meloni** auf dem Kornmarkt). Da war die Musik natürlich zum Greifen nahe. Die Kuranstalt wechselte immer wieder den Besitzer. Trotz oder vielleicht wegen des häufigen Pächterwechsels setzte sich die Josaphat-Gastronomie aber leider nie richtig durch. Im Juli 1926 schloss das damals umbenannte »Parkhotel Tal Josaphat« endgültig seine Pforten. Aber das zauberhafte Naherholungsgebiet lockt auch nach 112 Jahren große und kleine Besucher genauso wie am Anfang!

Joseph Heppel: Großes Herz und viele Ideen

Der Mann, der seiner Stadt so viel Gutes tat und 1849 in Limburg geboren wurde, war Spenglermeister. Er beantragte im Juli 1872 beim Königlichen Amt zu Limburg die Errichtung einer Werkstätte nebst Schuppen hinter seinem Wohnhaus in der sogenannten Frankfurter Vorstadt. (Frankfurter Straße) in Limburg. Dort stellte er ab 1873 Konservendosen her. Heute gehört die Blechwarenfabrik in der Anna-Ohl-Straße 1 mit rund 300 Mitarbeitern zu den größten industriellen Arbeitgebern der Region. Die Fabrik verarbeitet jährlich rund 20.000 Tonnen Stahl. Hauptprodukt sind Spezialverpackungen für chemisch-technische Füllgüter. Joseph Heppel hatte ein großes Herz und stiftete unter anderem Geld für begabte Limburger Schüler, denen die Mittel zum Studium fehlten. An den Ehrenbürger erinnert auch das »Heppel-Stift« an der Diezer Straße, das 1911 zunächst als Unterkunft für die Mädchen, die bei ihm arbeiteten, diente. Das Stift hat eine außergewöhnliche, in byzantinischem Stil gebaute und mit Mosaiken versehene Kapelle. Das Stift dient heute als Pflegeheim.

Die Kapelle des Heppelstifts wurde in byzantinischem Stil gestaltet.

3 – Unterwegs auf der alten Handelsstraße

Unterwegs auf der alten Handelsstraße

Limburger Säcker machen den Weg nach Byzanz möglich

Obwohl Limburg nie eine Großstadt war, sondern ganz im Gegenteil mit kurzen Wegen und liebenswerter Überschaubarkeit punktet, war die Stadt bereits im Mittelalter eine wichtige Handelsstadt. Vor allem wegen ihrer geografischen Lage. Gegenüber des Domfelsens führte schon im frühen Mittelalter eine Furt durch die Lahn. Sie ermöglichte den Kaufleuten aus aller Welt mit ihren Planwagen und den großen, eisenbereiften Rädern, die von bis zu sechs Pferden gezogen wurden, die Durchquerung des Flusses. Diese flache Stelle war ein Teil des Großhandelsweges von Flandern (über Köln und Frankfurt) nach Byzanz und, vom Westen her, von Paris über Koblenz nach Prag. Nach dem Bau der alten Lahnbrücke, an der unser heutiger Spaziergang beginnt, klapperten die Pferdehufe über die heute noch erhaltene achtbogige Brücke mit dem schönen Brückenturm, freilich nicht, ohne dass die Kaufleute vorher tüchtig Wegzoll berappen mussten.

Dauer: ca. 30 Minuten
Strecke: 0,6 km
ÖPNV: Haltestelle Konrad-Kurzbold-Straße

Am **Brückenheiligen St. Nepomuk** vorbei, führt der Weg direkt in die Altstadt. Gleich links, im Restaurant des **Hotels Nassauer Hof** (geführt von Zwillingen, daher auch der Restaurantname **Twins**), lässt sich bei schönem Wetter im Biergarten an der Lahn wunderbar verweilen. Das Hotel ist aufgrund der Lahn-Lage eine beliebte Unterkunft für Radfahrer. Schon der Blick ans Ende der Brückengasse zeigt, wie behutsam und liebevoll bei der Altstadtsanierung mit dem Fachwerk umgegangen wurde.

Der Weg führt rechts am denkmalgeschützen **Runden Eck** vorbei. Das halbrunde Gebäude wurde 1885 zu einer Gaststätte, noch

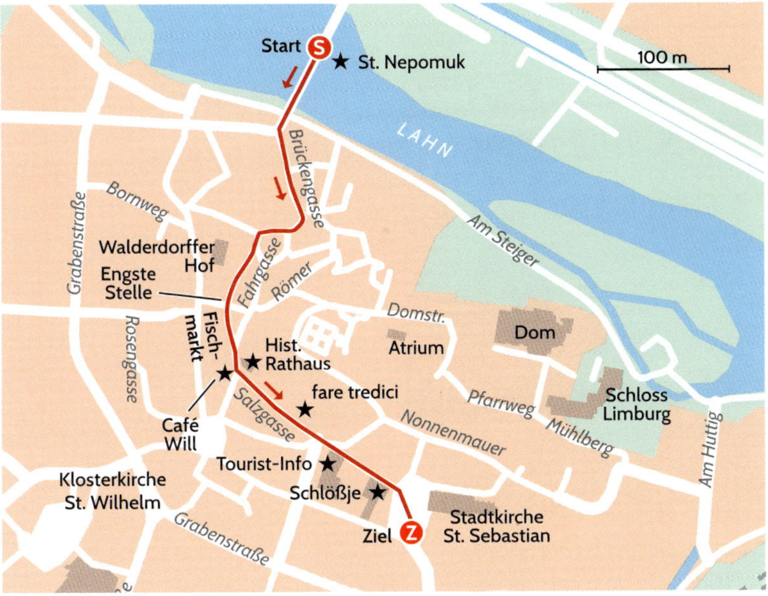

Von der Brücke in die Brückengasse ratterten früher die Kutschen.

So ungefähr waren die Säcker gekleidet, die an dieser Stelle die Wagen entluden.

heute locken frisch gezapftes Jever und viel Flair. Wer sich rechts hält, kommt in die Fahrgasse, am prächtigen **Walderdorffer Hof** vorbei. Der spätromanische Binnenhof mit den offenen Arkaden wurde von italienischen Baumeistern konzipiert.

Für die beladenen, laut ratternden Planwagen wurde die Fahrt auf dem Kopfsteinpflaster in diesen engen Gassen katastrophal. Nur ein paar Meter weiter, gerade da, wo die nächste Gasse rechts hinunter führt, war die engste Stelle zwischen Köln und Frankfurt. Dieser Engpass war landesweit bekannt. In der Herberge der Fuhrmänner auf dem Heumarkt in Köln war genau beschrieben, wie ein Wagen beladen sein musste, um passieren zu können.

Für Analphabeten hatte man sogar eine Art Durchfahr-Rahmen aufgebaut. Und trotzdem! Viele Pferdekarren hatten viel zu breites Gepäck und blieben einfach stecken. Vom Hufgetrappel alarmiert, trat dann die Zunft der Sackträger an. Die starken Männer wuchteten die schweren Säcke und Waren auf die Straße, so dass der Kutscher mit seinem Gefährt endlich durch das Nadelöhr passte. Anschließend wurde der Karren wieder beladen und weiter ging die wilde Fahrt. Wie wichtig diese Sackträger waren, sieht man schon allein daran, dass sie Pate standen für den Spitznamen der Limburger. Wer in der Umgebung berichtet, dass er aus Limburg kommt, hört heute noch als Antwort »Ah, ein Säcker!« Und die, die in der kleinen Stadt geboren wurden, nennt man nach wie vor »Edelsäcker«!

Immer einen Besuch wert: die Kunstsammlungen der Stadt.

Findige Köche ersannen daraufhin sogar ein Gericht, das »Edelsäcker« hieß – das eine oder andere Restaurant in der Altstadt bietet den mit Sauerkraut und Senf gefüllten Schweinerücken auch heute noch manchmal an (das Rezept finden Sie im auf Seite 97/98).

Von der Fahrgasse aus geht es nur ein paar Schritte weiter zum **Fischmarkt**, der einst auch »Alter Markt« und »Kladdermarkt« genannt wurde. Die Kladde war ein Geschäftsbuch, in dem unter anderem auch Schulden eingetragen wurden. Limburg offenbart sich hier in seiner ganzen mittelalterlichen Schönheit. Fachwerk und Stein schmiegen sich aneinander und lächeln still auf die staunenden Blicke der Besucher hinunter. Links, Hausnummer 21, ist das historische **Rathaus**, wo die Städtischen Kunstsammlungen heute untergebracht sind. Just in diesem Haus, das im Laufe seines Lebens auch ein Restaurant war und Ratskeller hieß, wurde der oben erwähnte »Edelsäcker« erfunden.

Die kleine Kreuzung, die sich an den Fischmarkt anschließt, öffnet den malerischen Blick zur Plötze, wo der **Ritter Hattstein-Brunnen** grüßt. Links geht es in die Salzgasse. Wer aber kurz ver-

Auch in der Salzgasse lebten viele Handwerker. Heute locken freundliche kleine Geschäfte.

weilen und das Ambiente genießen will, lässt sich im ältesten Café der Stadt, im **Café Will**, einen Cappuccino kochen und dazu einen »Limburger Säcker« servieren. Der »Limburger Säcker« ist ein feines Buttermürbeteiggebäck nach einem Familienrezept aus dem 18. Jahrhundert. Bereits in der fünften Generation wird er in liebevoller Handarbeit von den beiden Bäckermeistern, Vater Karl-Heinz und Sohn Alexander Will, hergestellt. Übrigens wurden in dieser Bäckerei um 1960 einmal Hunderte Brote für einen guten Zweck gebacken. Der Zirkus Williams war zu Besuch und die 14 Elefanten hatten mächtigen Hunger …!

Das Haus Salzgasse 23/25, in dem das Café untergebracht ist, trägt den schönen Namen **»Zum Eselsfuß«**. Der Name kommt wohl daher, dass Lutze Eßelsfuße um 1364 im Besitz des schmucken Gebäudes war, das im Laufe der Jahrhunderte von Wollwebern und Tuchhändlern, Bierbrauern, Lederhändlern, Müllern und Bäckermeistern bewohnt und bewirtschaftet wurde. Das Plätzchen, an dem es liegt, wurde damals auch Salzmarkt genannt. Möglicherweise stand hier auch eine Salzwaage.

Der Handelsweg führte weiter durch die Salzgasse, nach wie vor eine belebte Straße mit sehenswerten Geschäften, die ausgefallene und schöne Dinge anbieten, die es nicht überall gibt. Es sind rund 100 meist inhabergeführte kleine Geschäfte und Dienstleister, die heute für Leben und Flair in der Altstadt sorgen.

Im Mittelalter gab es hier rund 22 Zünfte. Ein bedeutender Wirtschaftszweig war die Tuchherstellung. Die Wollweber und Lohweber produzierten erfolgreich das sogenannte »Limburger Tuch«. Dieser jeansartige Stoff wurde häufig auf dem Märkten in Frankfurt verkauft, aber auch für den Fernhandel produziert. Bevor Ritter Hattstein (siehe Brunnenspaziergang) Stadthauptmann in Limburg wurde, gehörte er zu den Räubern, die die Tuchhändler auf ihren Transportfahrten gerne überfielen. Der Chronist Tilemann Elhen von Wolfhagen berichtet von einem Überfall auf Limburger Tuchhändler im Jahr 1366, bei dem mehr als 300 Ballen Tuch geraubt wurden.

Die Handelsstraße führte weiter über den Kornmarkt, vorbei am schmucken Fachwerkhaus in der Barfüßer Straße/Ecke Kornmarkt, wo die Familie Siebert 130 Jahre lang Bettwaren verkaufte und nun die Rösterei **fare tredici** Limburger Kaffee anbietet. Der Blick auf die Schnitzreliefs mit den Personifikationen der vier Jahreszeiten, einer Abbildung von Hermes, dem Schutzpatron der Händler, und den musizierenden Putten im zweiten Obergeschoss (nach einem Vorbild des Hochaltars von San Antonio in Padua von Donatello), spricht für sich.

Gegenüber dieses jüngsten Fachwerkhauses in Limburg ist die Commerzbank. Hier standen einst drei selbständige Gebäude. Leider ist durch zahlreiche Umbauten von den historischen Bauelementen bis auf Teile der mittelalterlichen Giebelfassade nichts mehr erhalten. Ratsherr Balthasar Cahensly (1710-1790) kaufte das Anwesen und richtete einen Kolonialwarengroßhandel ein. Sein Nachkomme Peter Paul Cahensly riss das Gebäude um die Jahrhundertwende ab und sorgte für den Neorenaissancebau mit Fensterrahmungen und

In der Barfüßerstraße wird zu jeder Jahreszeit draußen Kaffee getrunken. Links ist die Tourist-Info.

Gliederungselementen aus Rotsandstein, in dem der Verkaufsladen, die Kaffeerösterei und der Speicher untergebracht waren. Jahrhunderte vorher muss es bereits eine kleine Halle gegeben haben, die an der Längsseite zum Kornmarkt hin stand. Sie wurde zeitweise als Spritzen- und Wachthaus genutzt, anschließend als städtische Mehlwaage. Der spätere Besitzer Johann Ph. Grandpré ersetzte diesen Flachbau. Zum Lebensmittelhandel mit Kaffeerösterei kam das Bankgeschäft hinzu.

Schnurgerade geht es weiter in die Barfüßerstraße. In dem Gässchen rumpelten aber nicht nur die Karren über das Pflaster. Hier waren auch die Franziskanermönche aus dem nahen Kloster unterwegs.

Ihnen hat die kleine Straße mit den 18 schmucken Häusern auch im Jahr 2022 ihren Namen zu verdanken: Der 1209 vom Heiligen Franziskus in Italien begründete Bettelorden verpflichtete die Mönche nämlich zur Armut und Askese. Die Franziskaner liefen folglich stets barfuß oder nur in Sandalen – daher der Name Barfüßerstraße.

Das Limburger Franziskanerkloster war eine der ersten deutschen Niederlassungen des Ordens. Gegründet hat ihn, nicht weit entfernt, dort, wo heute das Bischöfliche Ordinariat steht, um 1232 Gerlach von Isenburg, der damalige Herr von Limburg. Die dazugehörige Franziskanerkirche, damals noch aus Holz, entstand zwanzig Jahre später; der Bau der heutigen **Barfüßer- oder Stadtkirche**, wie sie nun genannt wird, folgte im 14. Jahrhundert. Die Mönche waren fleißig. Im Laufe der Jahrhunderte gliederten sie eine Brauerei an und richteten eine Tuchfabrik mit Färberei ein. Auch sie sorgten dafür, dass das hochwertige Limburger Tuch im Mittelalter geradezu berühmt wurde.

Man kann sich gut vorstellen, wie die Mönche an manchen Tagen barfuß über das Pflaster der Verbindungsstraße eilten, um auf dem Kornmarkt Getreide und ähnliches für die Klosterküche zu erwerben oder auch, um selbst Waren anzubieten.

Es gibt noch viele Geschichten zu erzählen. Die kleine Barfüßerstraße besticht nach wie vor mit ihrem eigenen Zauber. Wer abends einen Schoppen trinken will oder eine Kleinigkeit essen möchte, sitzt wunderbar, sommers wie winters, auf den Bänken, die auf dem steinernen Pflaster vor dem **Bistro Nannini** stehen, und darf von alten Zeiten träumen.

Direkt gegenüber befindet sich seit einigen Jahren die Tourist-Info. Bei den freundlichen Damen werden Sie gut beraten. Egal, ob es um besondere Stadtführungen wie mit dem Nachtwächter oder mit der unvergleichlichen Dame Lieselotte Lotterlappen (Comedian Joachim Jung) geht, um Übernachtungen, Themen wie Essen und Trinken oder andere Anliegen, hier bekommen Sie beste Unterstützung. Ungewöhnliche Souvenirs gibt es auch: Für 3 Euro verkauft der Verkehrsverein jetzt den 1.000-Mark-Geldschein mit dem Limburger Dom. Das Original gab es bis zum Jahr 1992. Der 0-Euro-Schein für Sammler ist eine nette Erinnerung an den Besuch in Limburg. Ein Euro vom Gewinn geht als Spende an den Verschönerungsverein.

TOURIST-INFORMATION, VERKEHRSVEREIN LIMBURG E.V.
Barfüßerstraße 6
65549 Limburg a. d. Lahn
Tel.: 06431-6166
Fax: 06431-3293
touristinfo@stadt.limburg.de
www.touristinfo-limburg.de

Die Stadtkirche hat nur einen Dachreiter mit einer Glocke.

Ganz am Ende der Barfüßerstraße gibt es noch ein Café/ Gastwirtschaft mit dem interessanten Namen **Schlößje**. Die Limburger nennen einen der Gasträume in der 1926 gegründeten Bäckerei Friedrich allerdings Sakristei. Das war so: Als die Gasträume einst umgebaut wurden, wurde auch eine kleine Sitznische eingefügt. Sie wurde, vielleicht auch wegen eines Glasfensters, Sakristei getauft. Das kam einem Herrn namens Moritz im 19. Jahrhundert zugute. Moritz war Küster der gegenüber liegenden Stadtkirche und zugleich Bischöflicher Diener. Er machte gerne den kleinen Sprung über den Bischofsplatz ins Schlößje, um sich mit einem »Wärfche« innerlich aufzumuntern. Auch die knappen 15 Minuten, in denen der Bischof in der sonntäglichen Acht-Uhr-Messe predigte, benutzte der Küster häufig für diesen Abstecher. Als ihn der Bischof einmal fragte: »Moritz, ich habe dich während der Predigt gar nicht in der Kirche gesehen«, antwortete Moritz ganz wahrheitsgemäß. »Hochwürdigster Herr, ich war in der Sakristei!" Heute wird das Schlößje bereits in der vierten Generation geführt.

Der Seitenaltar mit der Anna selbdritt-Darstellung.

Die Stadtkirche St. Sebastian

Auch Bettelorden, wie die Franziskaner, bauten Kirchen. Entsprechend ihrer Philosophie wurden sie schlicht gehalten. So wird auch die erste Kirche der Barfüßer, die 1252 auf dem Bischofsplatz geweiht wurde, klein und einfach gewesen sein. Dank der seelsorgerischen Betreuung wurde die Kirche gerne von der Bürgerschaft und vom Adel besucht. So kam es, dass ein größeres Gotteshaus notwendig wurde. Die Limburger halfen gerne beim Neubau und stifteten großzügig Geld. Auch die »neue« dreischiffige Basilika, die inzwischen über 700 Jahre alt ist, beeindruckt durch ihre klare Struktur, die schlanken Säulen und das Kreuzrippengewölbe im Chorraum. Benannt ist die Stadtkirche, wie sie wegen ihrer Lage auch genannt wird, nach dem Märtyrer Sebastian, der sich als Hauptmann der Prätorianergarde am kaiserlichen Hof von Diokletian zum Christentum bekannte und deswegen getötet wurde. Die drei Darstellungen des Heiligen im Innenraum stellen Aspekte seines Lebens dar. Außerdem wird in der Stadtkirche auch der Ordensgründer Franz von Assisi besonders verehrt. Wer sich für die Heiligen und ihre Geschichten interessiert, findet in der Kirche viele schöne Darstellungen, nicht nur auf dem gotischen Flügelaltar, sondern auch

Auch der Blick zu Eingang und Orgel ist sehenswert.

auf den Seitenaltären und an der Decke. Zum Beispiel an der Ostwand des nördlichen Seitenschiffs. In der Mitte ist eine Anna selbdritt-Darstellung mit den beiden Nothelferinnen Katharina und Barbara. Links außen ist die Heilige Elisabeth und rechts die Märtyrerin Margaretha mit ihrem Attribut, dem Drachen.

St. Sebastian hat übrigens keinen Kirchturm, sondern nur einen Dachreiter mit einer Glocke. Die Klosterkirche des früheren Franziskanerklosters ist heute Filialkirche der Dompfarrei St. Georg im Pastoralen Raum Limburg. Die Mönche haben Limburg bereits im Jahr 1813 verlassen. Das angrenzende Klostergebäude wird seit 1827 vom Bischöflichen Ordinariat genutzt. Wer sich für die Kirche interessiert, kann im Buch von Monika Jung »Die Stadtkirche St. Sebastian zu Limburg an der Lahn« etliches nachlesen.

Wir gehen rechts und verlassen die Altstadt Richtung Grabenstraße, in der unser Spaziergang endet. Hier stand einst das Hammertor (auch Frankfurter Tor genannt). Die Kutschen und Karren fuhren aber weiter. Damals ging es die Frankfurter Straße hoch am Hammerberg vorbei – vielleicht bis Byzanz.

Übrigens stand der **Stundenstein**, der heute recht unbeachtet kurz vor der Jugendherberge und der Auffahrt zur Autobahn am Hammerberg steht, früher hier um die Ecke. Auf den beiden beschriebenen Seiten steht heute noch »IX Stunden von Coblenz«, zum anderen »XII Stunden von Franckfurt«. Die angegebene Zeit, eine der beiden Städte zu erreichen, bezieht sich auf das (ebenfalls

Der Stundenstein steht inzwischen kurz vor der Auffahrt zur Autobahn.

angegebene) Jahr 1789. Welch eine mühsame Art zu reisen! Diese Zeiten wurden auch nur bei schönem Wetter erreicht, und nur dann, wenn der Fuhrmann nüchtern war, kein Schaden am Fahrwerk auftrat und kein Überfall stattfand.

4 – Wenn alle Brünnlein fließen ...

Wenn alle Brünnlein fließen …

Limburg ist eine kleine Brunnenstadt

Limburg hat viele Gesichter. Geprägt wird die Stadt auch durch eine stattliche Anzahl außergewöhnlicher Brunnen, die gleichzeitig Geschichtenerzähler sind. Zu verdanken sind viele der freundlichen Treffpunkte einem außerordentlichen Bürgermeister. Josef Kohlmaier (1921–1995), nach dem auch die Stadthalle benannt ist, hat seine Stadt mit Feingefühl, Kreativität und Weltoffenheit in den Jahren 1965 bis 1985 gestaltet und ihr in vielen Beziehungen ein Gesicht gegeben.

Dauer: ca. 35 Minuten
Strecke: 0,7 km
ÖPNV: Zentraler Omnibusbahnhof Nord/Süd/West

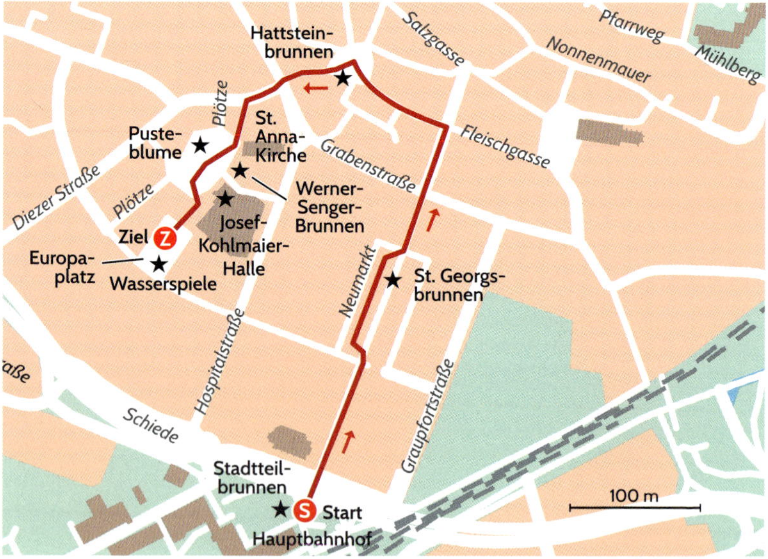

Rund um den Stadtteilbrunnen am Bahnhof sind Bänke aufgebaut.

Stadtteilbrunnen

Unser Brunnenspaziergang beginnt beim bekanntesten Brunnen. Bekannt ist der große achteckige Wasserspender schon allein deshalb, weil er direkt vor dem Bahnhof steht. Allen Vorbeieilenden ruft er zu, wie die Stadtteile heißen. Ihre Namen sind am Seitenrand der Schale eingraviert. Das sind Linter, Lindenholzhausen, Offheim, Ahlbach, Staffel, Dietkirchen und Eschhofen. Seit der Gebietsreform 1974 bilden sie mit der Kernstadt eine Einheit.

Zu verdanken ist die sprudelnde Wasserfontäne des Brunnens einem Bauunternehmer namens Albert Weil, der als Generalunternehmer für die Bahnhofsplatzgestaltung zuständig war und mit 100.000 Mark das insgesamt 380.000 Mark teure Projekt unterstützt hat. Die Eröffnung des Brunnens, am 30. August 1985, fiel mit der Einweihung des neuen Bahnhofsplatzes zusammen.

Vom Stadtteilbrunnen geht es über die Straße, direkt in die Fußgängerzone. Limburg ist die Stadt der kurzen Wege – die Spazierenden können von hier direkt in die Altstadt schauen. Der Brunnenspaziergang führt schnurgerade über das Pflaster, vorbei an den beiden inhabergeführten Geschäften **Buchhandlung Schäfer** und **Reformhaus Reinhard** und an der Ecke zur Fußgängerzone an **Vohl & Meyer**. Das freundliche Modehaus zieht seit über 110 Jahren die Menschen aus der Region an und hat seinen Status als Familienbetrieb immer erfolgreich verteidigt. Nicht zuletzt wegen der Beratung und der Serviceleistungen. Das kann das Internet einfach nicht ersetzen.

St. Georgsbrunnen

Nur ein paar Schritte weiter ist schon der Neumarkt. Wenn Sie an einem Samstagvormittag oder Mittwochnachmittag unterwegs sind, können Sie hier bei den rund 25 Direktvermarktern Lebensmittel einkaufen und verkosten. Mittendrin wacht der heilige Georg als Brunnenfigur über seine Stadt. Der Drachentöter ist Schutzheiliger und Namensgeber des Limburger Doms. Der Drache mit beiliegendem Schwert gehört übrigens auch zum Wappen des 13. Bischofs von Limburg, Dr. Georg Bätzing.

Der Brunnen mit der etwa zweieinhalb Meter großen runden Brunnenschale aus Main-Sandstein dient den Besuchern im Sommer häufig als Sitzplatz und den Kindern – zum Leidwesen der Mütter – als Planschbecken. Zu verdanken sind Figur und Brunnenidee dem 1919 zum Ehrenbürger ernannten Josef Heppel. Der Georgsbrunnen war eines von zahlreichen Geschenken an seine Stadt. Reisende aus der ganzen Welt bewundern immer wieder den stillen Kampf des Ritters mit dem Drachen, der, wie die Legende erzählt, einst in einem See vor der Stadt Silena in Libyen hauste und die Straßen mit seinem Gifthauch verpestete. Nachdem die Bewohner ihm alle Tiere geopfert hatten, traf das Los auch die Königstochter. Der tapfere Ritter Georg, der zuvor mit Hilfe des Erzengels Michael schon alle möglichen Martern überstanden hatte, hörte davon. Er eilte zu Hilfe, schwang die Lanze im Zeichen des Kreuzes und versprach, den Drachen zu töten, wenn die Menschen sich zu Christus bekennen würden. Der dankbare König willigte ein und ließ sich daraufhin mit allem Volk taufen. Der siegreiche Georg wurde Held und Heiliger.

Was kaum einer weiß: Seit 1987 wacht nicht mehr das Original von Bildhauer R. Hilf auf dem etwa zwei Meter hohen Achteck-Pfeiler über die Bewohner und Gäste des Neumarkts. Der galvanisierte zinnüberzogene Gipsmann ist nämlich mittlerweile in die Jahre gekommen (2022 wäre er 111 Jahre alt) und leicht bröckelig. Mit Hilfe eines Abdrucks wurde er daher – diesmal ganz aus Bronze – neu gegossen und räumte den Platz für seinen Zwilling. Doch auch das Original nimmt noch am Limburger Geschehen teil: Es steht am Eingang des Limburger Stadtarchivs am Schloss, begrüßt die Gäste und wartet auf das Ende der Schlossrenovierung. Dann wird er vermutlich dort ein endgültiges Zuhause finden.

Im Herzen der Stadt kämpft Georg mit dem Drachen.

Wer den Drachentöter genügend bewundert hat, marschiert geradeaus weiter, direkt in die Altstadt. Vor dem Straßenübergang rechter Hand warten zwei besondere Geschäfte. Die verstorbene Juwelierin und Designerin Doris Wagner hat den Limburger Souvenir-Schmuck und Limburger Glücksschmuck (Lucky Leaf) kreiert. Der Schmuck wird heute noch in der eigenen **Goldschmiede** gefertigt. Direkt daneben, nomen est omen, grüßt **Eck-Schmidt** im Eckhaus seine Besucher. Wer einen Blick in das Wäsche- und Kindermodengeschäft wirft, entdeckt nicht nur die aktuelle Mode, sondern auch die bildschöne Ausstattung des Familienbetriebs, dessen Wände mit einzigartigen alten hölzernen Vitrinenschränken ausgestattet sind. Firmengründer Johann Franz Schmidt hat bei seiner Eröffnung 1880 nicht gespart – und das hat sich gelohnt!

Hattstein- oder Säuferbrunnen

Für die Stadtführer gibt es beim Säuferbrunnen viel zu erzählen.

Wer jetzt die **Altstadt** betritt, biegt links an der **Metzgerei Raab** vorbei in die Fleischgasse ein (über die sprechen wir im Kapitel »Altstadt zum Anbeißen«) und landet automatisch auf der **Plötze**. Auf diesem kleinen Platz steht der dritte Brunnen. Er hat eine magische Anziehungskraft – nicht nur für Kinder. Das liegt auch daran, dass mit dem gut erreichbaren Brunnenwasser so schön gespielt werden kann. Zu sehen ist ein riesiger roter Sandsteinmann, der ein großes Fass über dem Kopf stemmt. Er steht merkwürdigerweise auf einem Hund. Auch Handschellen und Totenkopf sind zu sehen. Augenzwinkernd berichten die Stadtführer immer über diese bildgewaltigen Symbole.

Der Limburger Bildhauer Karl Matthäus Winter hat den ehemaligen Raubritter Friedrich von Hattstein hier wieder zum Leben erweckt und ebenso humorvoll wie geschickt sein abwechslungsreiches Leben in Szene gesetzt. Der gewaltige Mann war nämlich so eine Art männliche Maria Magdalena. Er verwandelte sich vom gefährlichen Raubritter zum braven Stadthauptmann, nachdem sich verzweifelte Limburger Kaufleute im Jahr 1357 an ihn gewandt hatten, damit er die Stadt in Zukunft schütze und nicht mehr überfalle.

Vom Raubritter zum Stadthauptmann

Als sein Denkmal in Limburg am 18. Oktober 1985 feierlich enthüllt wurde, konnten die Besucher schon viele Eigenschaften des Raubritters dem roten Stein entnehmen. Der stämmigen Gestalt auf der Plötze sieht jeder Betrachter die Kraft schon an. Symbolisch dargestellt wird sie auch durch das schwere Weinfass, das Hattstein stemmt. Dass er ein Ohm – also ein 150-Liter-Fass – Runkeler Roten, also Wein aus dem benachbarten Runkel, austrinken konnte, ist natürlich nur ein Gerücht. Karl Winter lässt den rauen Gesellen deshalb auch nicht trinken. Das Wasser läuft ihm über den Bauch. Von Hattsteins ehemaligem Raubrittertum erzählt das Schwert, das er an den Nagel gehängt hat, ebenso wie seine Freiheit. Hattstein steht auf einem Hund, der an die Kette gelegt wurde. Die Schließeisen, heute sagt man Handschellen, mit denen der Polizeimann die kleinen Langfinger in jener Zeit »in den Sack steckte«, sind deutlich zu erkennen. Und an der Seite triumphiert der Tod. Dem hat sich der Stadthauptmann am Pfingstmontag 1363 ergeben. Er wurde an der Limburger Greifenpforte von den Reiffenbergern erschlagen.

Werner-Senger-Brunnen

Von der Plötze aus geht der Brunnenspaziergang weiter Richtung Innenstadt. Die Grabenstraße wird auf der linken Seite überquert. Nach der Ampel geht es nur ein paar Meter geradeaus in die Diezer Straße. Nach dem Eckhaus führt der Weg links am Haus vorbei in den **Serenadenhof**. Hier stehen gleich zwei Brunnen. Links, im Hof, neben der **St. Anna-Kirche,** erinnert eine Brunnenskulptur an Werner Senger, ebenfalls ein Sohn und Wohltäter der Stadt. Zu ihrem 125. Geburtstag schenkte die Limburger Bank, die 1860 unter dem Namen »Limburger Vorschuß-Verein« (heute Volksbank Rhein-Lahn-Limburg eG) im Weinhaus Schultes aus der Taufe gehoben wurde, ihrer Stadt einen Brunnen – den **Werner-Senger-Brunnen**, der 24 Jahre das Bild auf dem Europaplatz zwischen Rathaus, Stadthalle, Bankhaus und Karstadt prägte.

Vor einigen Jahren musste er einem modernen Wasserspiel weichen und kam in den Serenadenhof. Hier steht er nun, geschaffen von Karl-Matthäus Winter und zeigt, wie sich ein Barfüßermönch (Franziskaner) und ein Pfleger von heute gemeinsam um einen Kranken kümmern.

Seine Gabe trägt reiche Früchte

Über den reichen Limburger Bürger (um 1300 bis 1369), der seine Frau Grete und seinen Sohn Rulichen wahrscheinlich während der zweiten Limburger Pestwelle im Jahr 1356 verlor, ist leider kaum etwas bekannt. Tatsache ist aber, dass Senger 1358 dem Limburger Hospital ein großartiges Vermächtnis hinterließ, und zwar reichen Grundbesitz und Höfe. Das alles stellte er – zweckgebunden – in die Obhut der Stadt. Neben dem Spitalgebäude sollte ein Haus als Herberge für Pilger er-

Der Werner-Senger-Brunnen zeigt einen Mönch und einen Pfleger am Krankenbett.

richtet und offengehalten werden. Die Domstadt nahm diesen Auftrag gerne an, und wenn sich auch die Aufgaben des Bürgerhospitalfonds (BHF) nach 650 Jahren ein wenig geändert haben – der Bürger aus dem 14. Jahrhundert sorgt noch heute für seine Limburger. Werfen wir mal einen ganz kurzen Blick in die Gegenwart: Die materielle Unterstützung von Armen und Kranken ist weiterhin eine wichtige Aufgabe der Stiftung, ebenso wie die Unterhaltung der St. Anna-Kirche und des angrenzenden Brüderhauses. Verwaltet wird der Fonds nach wie vor vom Magistrat.

Pusteblume

Eine kleine Berühmtheit ist der Brunnen neben der **Stadthalle** und vor dem **Rathausanbau** – die **Pusteblume**. Der Limburger Wasserspeier ist nach einem Original in Australien errichtet worden und dürfte weltweit seinen Platz unter den ersten zehn »puffball fountains« behaupten. Die Stadtgärtner setzen den sprudelnden Brunnen, der die Weltkugel symbolisiert und seinen Namen dem verblühten

Eine der ersten zehn »puffball fountains« weltweit steht vor der Stadthalle.

Für Kinder ein Heidenspaß: die Wasserspiele am Europaplatz.

Löwenzahn verdankt, jedes Jahr mit blühenden Naturschönheiten ins rechte Licht. Hier beginnen die meisten Stadtführungen, und keiner der Stadtführer vergisst dabei, Wissenswertes und Wichtiges über die angrenzende **Josef-Kohlmaier-Halle** zu erzählen.

Die neue Stadthalle, in der seit vielen Jahrzehnten Künstler aus aller Welt auftreten und in der namhafte Messen stattfinden, wurde am 14. Januar 1977 als 940. hessisches Gemeindehaus ihrer Bestimmung übergeben. Der Platz vor der neuen Stadthalle wurde mit Bänken und Grünanlagen gestaltet und eingeschlossen vom Gebäude des früheren Hospitalfonds. Daneben steht die Anna-Kirche. Auf der anderen Seite finden sich der ehemalige Rathausanbau, das City-Center mit diversen Einkaufsmöglichkeiten und seit April 2008 das rote Wohn- und Geschäftshaus Diezer Straße. Gekostet hat der Bau der neuen Stadthalle damals fast 19 Millionen Mark und damit 3,2 Millionen Mark mehr als geplant. Da war die Stadt froh, dass sich für die Errichtung des gewünschten Brunnens in der Mitte ein Sponsor fand. Tetra Pak, der schwedische Verpackungsmittelhersteller, der bereits 1969 in Limburg sein erstes deutsches Produktionswerk eröffnet hatte, übernahm die Aufgabe, nachdem der Managing-Direktor Gunther A. Luedecke solch eine Pusteblume in Australien entdeckt und sich Hals über Kopf in diesen Brunnen verliebt hatte.

Wasserspiele

Wer jetzt die Stufen zur Stadthalle hochsteigt, kommt auf den **Europaplatz** und zum letzten Brunnen unseres Rundgangs. Der Brunnen ist eigentlich eher ein Wasserspiel, aber auch ein großes Vergnügen für alle Kinder sowie deren Eltern und Großeltern.

Die Fontänen in der Werner-Senger-Straße bieten mit ihren bunten Wasserdüsen tolle Erlebnisse für die jüngsten Familienmitglieder, die jauchzend dem manchmal bis zu zwei Meter hohen, dünnen Wasserstrahl entgegenlaufen. Gleich daneben sind kleine Spielgeräte zu finden. Die eigentliche »Brunnenstube« liegt unter der Erde und wird von den Besuchern gar nicht wahrgenommen.

Die Wasserspiele sind noch jung. 2014 wurden sie, im Zuge der umfangreichen Neugestaltung der Limburger Fußgängerzone, neu angelegt.

Wer noch nicht genug von den Brunnen hat, sollte unbedingt auch einen Blick auf die drei Brunnen des Diözesanmuseums werfen. Sie bleiben oft unentdeckt, haben aber auch viel zu erzählen. Schauen Sie gerne nach im Kapitel »Alle Wege führen zum Dom«.

Durchfahrt

5 – Vom Katzenturm zur Pestinsel

Vom Katzenturm zur Pestinsel

Statt großem Graben Grabenstraße

Die Domstadt hat nicht nur einen »Vornamen«, sondern heißt mit voller Bezeichnung »Limburg an der Lahn«. Grund genug, heute mal den 245,6 Kilometer langen Nebenfluss des Rheins zu besuchen. Die Lahn entspringt im Rothaargebirge, in Nordrhein-Westfalen, an der Grenze zu Hessen und schlängelt sich zwischen Westerwald und Taunus entlang, bis sie bei Lahnstein in den Rhein mündet. Sie ist Kanuwanderfluss Nummer eins mit 160 paddelbaren Kilometern. Im Zuge der Schiffbarmachung wurden 23 Schleusen erbaut, von denen heute noch 22 in Betrieb sind.

Dauer: ca. 60 Minuten
Strecke: 1,6 km
ÖPNV: Haltestelle Konrad-Kurzbold-Straße

Der Katzenturm an der Lahn ist der einzig erhaltene Turm der alten Stadtmauer.

Wir starten beim **Katzenturm** am Philippsdamm. Das stolze Bauwerk gehörte zu der ehemaligen Befestigung der Stadt. Die Ringmauer wurde im 13. Jahrhundert erbaut. Übrig geblieben sind nur einige Reste und der Katzenturm mit zwei Meter dicken Mauern und einem Durchmesser von zehn Metern. Im Turm ist heute ein kleines **Marinemuseum**. Bevor wir am Turm vorbei die Lahn entlang laufen, werfen wir noch einen Blick Richtung Kreisel in die Grabenstraße. Unser Weg führt uns auf anderen Pfaden nämlich genau bis ans andere Ende dieser Straße. Und wie der Name schon sagt: Hier verlief der große Graben vor der Stadtmauer. Aber dazu später.

Am Philippsdamm ist auch die **Busempfangsstation der Tourist-Info** mit kostenfreien Parkplätzen. Übrigens gibt es ein Stück weiter vorne, kurz vor der alten Lahnbrücke, am **Hotel Nassauer Hof**, für E-Bike Fahrer eine Ladestation sowie drei Schließfächer für kleines Gepäck oder Helm.

Wir gehen lahnaufwärts vorbei am Katzenturm am Ufer entlang, unter der **Brücke** durch. Rechts machen wir eine Stippvisite auf den

Blick von oben auf den Spazierweg entlang der Lahn. Rechts der Nassauer Hof.

In der Erbach gibt es auch einen kleinen Spielplatz.

Platz »In der Erbach«. Die kleine **Kirche** hinter dem Spielplatz gehörte einst zu einer Klosteranlage. Die Brüder des Zisterzienserordens der Abtei Eberbach im Rheingau hatten hier früher einen Stadthof. Die Abtei musste im Mittelalter unter anderem mit 24 Malter Getreide pro Jahr für die tägliche Speisung der Armen aufkommen.

Dem gesamten Senat und Magistrat der Stadt Limburg wurde einmal im Jahr ein Frühstück und eine Abendmahlzeit gereicht. Die Kirche wurde zwischendurch als Salzlager, evangelische Kirche und Synagoge genutzt. Das linke Gebäude stammt aus dem 18. Jahrhundert, es war später Landratsamt und Katasteramt. Heute ist hier auch ein kleiner Spielplatz aufgebaut.

Zurück an der Lahn schauen wir flussabwärts auf die **Lahnbrücke**. Um 1160 wurde die Furt, die zunächst über das Wasser führte, von einer Holzbrücke abgelöst. Sie lag etwa 75 Meter oberhalb der heutigen Brücke. Limburg hatte immer wieder gegen Hochwasser zu kämpfen. Auch die Holzbrücke wurde mehrfach zerstört

Das dicht bewachsene Ufer erlaubt immer wieder einen Blick zur alten Brücke.

und wieder aufgebaut. Schließlich entschlossen sich die Limburger zu einem massiven Bau. Im Jahr 1315 begannen die Arbeiten. Über 30 Jahre dauerte es, bis die große Steinbrücke mit acht Bögen, 6,90 Metern Breite und 106 Metern Länge fertig war. Die acht Bögen sind leider nicht alle zu sehen, auf jeder Seite ist ein Bogen im Erdreich versunken.

Die alte Brücke, hier besonders beleuchtet, öffnete den Weg in die Stadt.

Die Steinbrücke war ideal für die zahlreichen Nutzer der Fernhandelsstraße, die, reich und schwer beladen, mit ihren Fuhrwerken jetzt hoch über der Lahn rumpelten. Über diese Brücke führten im Mittelalter fast alle wichtigen Straßen der Region und die große Fernstraße Antwerpen-Byzanz. Natürlich aber nicht kostenfrei. Kaiser Karl IV. genehmigte den Zoll im Jahr 1357, verpflichtete aber die Stadt, die Gelder ausschließlich zur Brückenunterhaltung und zum Straßenbau zu verwenden. Für mehr als ein halbes Jahrtausend wurde dieser Zoll eine wichtige Einnahmequelle.

Die Brücke war wesentlich am Reichtum der Stadt und ihrer Bürger beteiligt. Erst 1905, als im Ortsteil Staffel eine Lahnbrücke mit kostenfreier Benutzung erbaut worden war, wurde der Brückenzoll aufgehoben. Ein weiterer Grund war der Rückgang des Fuhrwerkverkehrs, denn mittlerweile hatte die Eisenbahn größere Teile des Güterverkehrs übernommen (Lahntalbahn).

Brückenzoll

Johannes Mechtel, 1595 Dekan und Stiftsherr zu St. Georg, hat in seinen schriftlichen Sammlungen über den Lahngau auch die Brückenturm-Zölle festgehalten. Ein Wagen mit Wein kostete 4 Weißpfennige Brückenzoll, ebenso ein Landpackwagen, wogegen für einen Karren mit Wein nur 2 Weißpfennige berappt werden mussten. Für einen Wagen mit Eisen wurden 2 ½ Weißpfennige berechnet. War der Wagen mit Salz, Stockfisch und Heringen beladen, kostete das 2 Weißpfennige. Ein Wagen mit Holz, das zum Verkauf bestimmt war, kostete 2 Weißpfennige, ein Schlitten mit Holz dagegen nur 1 Weißpfennig. Jedes Stück Vieh, das die Brücke passierte, kostete stolze 2 Weißpfennige. Von den 7 Pfennigen für den Malter Korn bekam der Müller 3 und die Stadt 4 Weißpfennige. Der Weißpfennig war die silberne Groschenmünze des Spätmittelalters.

Die steinerne Brücke besaß zunächst zwei Brückentürme. Der innere Brückenturm zur Altstadtseite wurde 1818 mit der Begründung »Verkehrshindernis« abgerissen. Die herzoglich nassauische Regierung plante, auch den äußeren Brückenturm abzureißen. Das

Beliebtes Fotomotiv für Touristen: Der Brückenheilige mit Dom.

scheiterte jedoch am Widerstand der Limburger Bürger, unter anderem, weil man befürchtete, die Brücke sei dann nicht mehr stabil genug. 1835 richtete die Stadt im **Brückenturm** das Amtsgefängnis ein. Heute ist er der einzige in Deutschland erhaltene Brückenturm aus dem 14. Jahrhundert. Er hat eine Grundfläche von zwölf mal zwölf Metern und eine Höhe bis zum Traufgesims von 14 Metern. Nach der Pestepidemie 1490 wurde an den äußeren Brückenturm eine **Kapelle** mit dem Namen »Unserer lieben Frau« angebaut. Der Legende nach endete die Epidemie mit der Grundsteinlegung der Kapelle am 2. August 1490. Die Kapelle wurde um das Jahr 1827 wegen Baufälligkeit abgerissen. Die »Madonnenfigur mit Kinde« an der Nordwand des Brückenturms erinnert noch an sie.

Ein Neidkopf in der Durchfahrt des Turms erzählt die Geschichte eines Zöllners, der immer wieder unrechtmäßig Zölle erhob. Eines Tages kam er an den falschen Reisenden: Der war offensichtlich mit den bösen Mächten vertraut. Jedenfalls verfluchte er den Zöllner – und der versteinerte für immer.

Vor diesem Turm lag ursprünglich eine hölzerne Zugbrücke, die zu unbekannter Zeit durch einen Brückenbogen aus Stein ersetzt wurde. Die Brücke wurde durch mehrere päpstliche Ablässe und Spenden finanziert und im Laufe ihres Lebens häufig saniert, zuletzt 2022. Heute ist die Brücke 107 Meter lang, acht Meter breit und besitzt sechs weit gespannte Bögen aus Bruchsteinmauerwerk mit Verstärkungen der Bogenläufe und der keilförmigen Eisbrecher aus Trachyt.

Wer über die Brücke schlendert, sollte nicht verpassen, oberstromseitig auch den heiligen **Johannes Nepomuk**, einst böhmischer Priester, heute Brückenheiliger, zu begrüßen.

Nepomuk ist Patron der Verschwiegenheit

Nein, er ist kein ausgesprochen Limburger Heiliger, auch wenn der eine oder andere Tourist vermutet, dass der steinerne Mann auf der Brücke einmal ein Limburger Schulkind vor dem Ertrinken gerettet hat. Limburger ist er nur, weil er aus der Werkstatt eines Limburger Künstlers stammt. Karl Matthäus Winter, der auch den Ritter Hattstein (als Brunnen) zum Leben erweckt hat, hat den böhmischen Priester und Märtyrer, der 1393 von König Wenzel von der Prager Karlsbrücke ins Wasser gestürzt wurde, in Stein gehauen. Der Priester hatte sich geweigert, dem König die Beichte seiner Gemahlin zu verraten. Wenzel bezichtigte die Dame nämlich der Untreue. Nepomuk ist Schutzherr der Schiffer und Brücken, sowie Patron der Verschwiegenheit und zur Verteidigung des guten Rufs. Die 1966 geschaffene Statue ersetzt eine andere Figur von 1714, die heute im Stadtarchiv zu finden ist.

Schräg gegenüber, auf der Unterstromseite, steht ein **Steinkreuz**, das von den Überlebenden der Pest von 1349 gestiftet wurde.

Aber jetzt zurück wieder ans Ufer, an dem wir stehen. Nur ein paar Schritte weiter sehen wir ein verputztes, leider auch bunt beschmiertes größeres Loch im Domfelsen.

Hier im Stein wurde gegen Ende des Zweiten Weltkriegs ein Luftschutzbunker eingerichtet. Trotzdem wurden im oder vor dem Bunker ebenfalls Menschen getötet. Irgendjemand hatte vom über dem Bunker liegenden Domfriedhofsgelände aus Schüsse auf die vorrückenden amerikanischen Truppen auf der anderen Seite der Lahn abgegeben. Die amerikanischen Soldaten feuerten massiv zurück, trafen den Dombunker und töteten dabei gleich neun Menschen.

Heute zugeputzt und bunt beschmiert ist die Stelle im Felsen, wo der Eingang zum Bunker war.

Nachdem bereits alle Brücken im Umkreis gesprengt waren, ließen die deutschen Truppen kurz darauf, um die Amerikaner am Einmarsch zu hindern, die mittleren Brückenbögen der schönen Brücke explodieren. Das hielt die Gegner aber nicht auf. Sie errichteten in Windeseile eine Ponton-Brücke (Schwimmbrücke) in die Stadt. Diese leistete zwei Jahre gute Dienste. Dann war die Steinbrücke wiederaufgebaut und in Gebrauch.

Wer jetzt flussaufwärts nach oben schaut, sieht die **Limburger Autobahnbrücke**. Ihre Vorvorgängerin, sozusagen die Großmutter der heutigen Brücke, flog 1945 ebenfalls in die Luft. Da war sie gerade sechs Jahre alt. Viel Glück dagegen hatten die Altstadt und ihre Bewohner. Vielleicht hat auch Petrus geholfen, als am Vorabend zu Weihnachten 1944 die Signalfackeln der Vorausflugzeuge der Alliierten vom starken Südostwind erfasst wurden. Diese sogenannten Christbäume beleuchteten stattdessen die Lahnauen zwischen Limburg und Diez. Dort warfen die Bomber auch ihre tödliche Last ab. Die Altstadt blieb unversehrt.

Hier am Flussufer sind immer viele Menschen unterwegs. Berufstätige nutzen die Idylle gerne für einen kleinen Marsch in der Mittagspause. Auch Touristen lieben die Lahn. Radfahrer, Bootsfahrer und Wanderer sind an der Tagesordnung, schauen den Enten und Schwänen zu oder werfen einen ehrfürchtigen Blick hoch zum Felsendom.

Seit 1255 werden am Lahnufer die Höchststände festgehalten.

Ein Stück weiter sehen wir am Felsen den Pegelstands-Anzeiger. Der **Hochwasserstein** aus Granit ist rund sechs Meter hoch, Theodor Bogner hat ihn 1927 aufgestellt. Die Aufzeichnungen beginnen 1255. Höchststand war im Jahre 1344 – für die Menschen eine absolute Katastrophe, denn der Fluss war sechs Meter höher als normal. Auch in der Neuzeit gab es Hochwasser. Die Feuerwehrleute werden sich noch gut daran erinnern. Am 8. Februar 1984 war die Lage ebenfalls angespannt. Damals stieg die Lahn um dreieinhalb Meter.

Der kleine Lahnuferweg, auf dem wir uns befinden, heißt übrigens »Am Steiger«. Der Name kommt noch aus der Zeit, als das

Die beliebte Wildwasserstrecke bei der Obermühle.

Schloss gebaut wurde. Damals gab es noch keinen eigenen Brunnen, folglich musste das Wasser irgendwie von der Lahn bis hoch auf die Burg transportiert werden. Der Einfachheit halber wurde eine Treppe in den Domfelsen geschlagen. Auf diesem ungeheuer steilen und gefährlichen Weg mussten die armen Bediensteten, Knechte und Mägde, mühsam die Eimer nach oben schleppen. Der eine oder andere wird hier auch abgestürzt sein.

Wir flanieren weiter über das kleine Brückchen, das uns die **Wildwasserstrecke** zeigt und uns zur **Lahninsel** führt. Diese kleine Insel wurde erst Ende des 19. Jahrhunderts an das Ufer angeschlossen. Heute herrschen hier eitel Freude und Sonnenschein. Das war aber nicht immer so. Nach der Legende war dies nämlich die sogenannte Rabeninsel, die später Pestinsel genannt wurde. Hierhin sollten sich die Pestkranken zurückziehen. Einer erbarmte sich ihrer. Bei der dritten Pestwelle im Jahre 1365 kam ein Franziskanermönch nach Limburg und pflegte fortan aufopferungsvoll die Kranken. Die Limburger nannten ihn »Bruder Siechentrost« und verbannten ihn aus

Blick auf die Obermühle und Rabeninsel.

Angst vor Ansteckung ebenfalls auf die Rabeninsel. Bruder Siechentrost war ein talentierter Musikant. Wenn er über die Seiten seines Instruments strich und ein Lied anstimmte, kamen viele Menschen ans Lahnufer und sangen mit. Über den mildtätigen Mönch gibt es auch ein Buch. Der erste deutsche Literatur-Nobelpreisträger, Paul Heyse, hat eine Novelle über »Bruder Siechentrost« geschrieben und die Geschichte nach Limburg verlegt. So ist wohl auch die Legende mit der Pestinsel entstanden. Tatsachen dagegen schreibt der Limburger Chronist, Tilemann Elhen von Wolfhagen, über jene Zeit: »Das währte in etlichen Städten oder Ländern mehr denn dreiviertel Jahres oder ein Jahr. Und starben zu Limburg mehr denn vierundzwanzighundert Menschen, ausgenommen Kinder.«

Rechts sehen wir die **Obermühle**. Mit ihrer ersten Erwähnung am 7. Februar 1237 ist sie die älteste Mühle der Stadt. Nach dem Gesetz von Kaiser Friedrich Barbarossa aus dem Jahre 1158 verpflichtete der sogenannte Mühlenzwang alle Einwohner, hier also eben die Limburger, ihr Getreide ausschließlich in einer ihnen zugeordneten Bannmühle mahlen zu lassen. Solch eine Bannmühle war

Keine Lust mehr zu laufen? Ausflugsmöglichkeiten gibt es auch mit der »Wappen von Limburg«.

auch die Obermühle. Dem Müller wurden damit über Jahrhunderte Einkünfte gesichert.

Nach Hochwasser, Neubau, Renovierungen, etlichen Besitzerwechseln und Feuersbrünsten übernahm die Bäckergenossenschaft 1936 die Mühle, später die Diözese Limburg. Die Obermühle mit dem riesigen Wasserrad beherbergt inzwischen seit Jahrzehnten Gastronomie und produziert Strom aus Wasserkraft. Heute laden zwei Terrassen und der große Biergarten zum Verweilen ein. Ein kleines Wasserrad wurde gegenüber für die Optik ergänzt.

Wer nach der Brücke geradeaus weiterläuft, kann seinen Spaziergang an der Lahn verlängern und geradeaus weiter gehen. Nach etwa 300 Metern kommt er zur Anlagestelle des Fahrgastschiffs »**Wappen von Limburg**«. Von Ostern bis Oktober bietet der Fahrplan die Möglichkeit, die Große Rundfahrt nach Balduinstein (mit vier Schleusendurchfahrten) zu erleben, nach Dietkirchen zur Lubentius-Basilika zu schippern oder eine Rundfahrt zum Schloss Oranienstein nach Diez zu machen. Aber auch von November bis Ostern

Begegnungen mit dem Federvieh an der Lahn.

kann gebucht werden, beispielsweise für Familienfeiern und andere Events.

INFOS UNTER:
Lahntalschiffahrt Vomfell
»Wappen von Limburg«
Anlegestelle Eschhöfer Weg 13-15
65549 Limburg
Tel.: 06431-3984
info@lahntalschiffahrt.de
www.lahntalschiffahrt.de

Wer keine Lust hat, heute Schiff zu fahren, könnte auch bis zum Ortsteil Eschhofen weiter an der Lahn wandern. Auch auf dieser Strecke dürfen Sie immer mit freundlichen Begegnungen rechnen, mit Enten, Gänsen und Schwänen.

Wir aber biegen nach der Obermühle rechts ab und gehen die Straße »Am Huttig« hoch bis zum Eschhöfer Weg. Die Kreuzung

Die Reste der alten Stadtmauer umschließen heute den Bischofsgarten.

ist zwar nicht besonders attraktiv, dafür sehen Sie rechts aber noch tatsächlich Teile der mittelalterlichen **Ringmauer**, die heute den **Bischöflichen Garten** umschließt.

Wenn wir hier weitergehen und uns rechts halten, kommen wir ans andere Ende der Grabenstraße. Hier betreten Sie ein Pflaster, das vor rund 180 Jahren den großen Graben rund um die Stadtmauer ersetzte. Der Graben entstand mit dem Bau der Limburger Stadtmauer um das Jahr 1230. Die Mauer war etwa 1.000 Meter lang, von zahlreichen Türmen und Toren unterbrochen und hatte ei-

Auch Hotels wie der Preussische Hof (heute Dom Hotel) sorgten dafür, dass am ehemaligen Graben eine beliebte Einkaufsstraße entstand.

nen bedeckten Wehrgang auf der Innenseite Richtung Altstadt. Der Graben davor war 11 bis 13 Metern breit und mit Wasser aus dem Kasselbach (aus dem Ortsteil Linter kommend) und dem Rohrbach aus der Diezer Straße gefüllt. Im Graben wurden auch Speisefische gezüchtet.

Rund 600 Jahre lang blieb die Stadtmauer erhalten. Inzwischen hatte sich die Stadt aber erheblich ausgedehnt. Viele Bürger wollten die Enge der Altstadt hinter sich lassen. Also wurden die alten Mauern und Türme auf Ansuchen des Limburger Stadtrats zum Abbruch ausgeschrieben. Die Mauersteine wurden versteigert, der Stadtgraben kanalisiert, zugeschüttet, begrünt und 1844 schließlich in eine »Umgehungsstraße« verwandelt. Die sogenannte »Neue Chaussee« war entstanden, und im August passierte das erste Pferdefuhrwerk den Weg. Rechts und links siedelten sich rasch Unternehmer und Gastronomiebetriebe an.

Die äußere Seite (zur Neustadt hin) wurde schneller bebaut als die Altstadtseite. Das lag unter anderem daran, dass die Besitzverhältnisse hinter der Mauer zur Altstadt zu verzwickt waren. Die Mauer selbst diente nämlich häufig auch als Rückwand für Ställe oder Scheunen. Türme und Tore waren mittlerweile abgerissen worden (um 1830 war der Durchbruch zum Kornmarkt erfolgt, der »Rote Turm« fiel noch früher), nur das Diezer Tor, das auch »Eulenturm« genannt wurde und am Eingang zur Plötze stand, war stehengeblieben, einfach deshalb, weil sich während der Versteigerung kein Interessent für das Mauerwerk gefunden hatte. Die Anwohner der Plötze baten aber verstärkt um Abriss, da sie sich mehr Licht und besseren Zugang erhofften. Obwohl die Baubehörde versuchte, das Bauwerk als Denkmal zu retten, fiel auch der »Eulenturm« im August 1871.

Das Diezer Tor wurde auch Eulenturm genannt.

Um diese Zeit herum hatte sich der Name »Grabenstraße« schon eingebürgert. Geschäfte wie eine große Seifenfabrik, Mode-, Tuch-, Wäsche- und Wollwarenhändler, Schreibwarengeschäfte, Friseure, aber auch die Hotels wie der »Preussische Hof« (heute Dom Hotel), sorgten dafür, dass sich Hinz und Kunz in der Grabenstraße trafen. Was früher den Kern Limburgs nach außen hin abgrenzte, hatte sich zur wichtigsten Einkaufsstraße der Stadt entwickelt – und bietet auch heute noch einen Beitrag zur Limburger Einkaufslandschaft.

6 – Grüner Naturpark auf dem Vulkan

Grüner Naturpark auf dem Vulkan

Erholung und Naturzauber rund um den Schafsberg

Manchmal sieht man ja den Wald vor lauter Bäumen nicht mehr. Das Wort »Schafsberg« bedeutet für viele Menschen aus der Region »St. Vincenz-Krankenhaus« und »Tilemannschule«, nicht aber Erholung und Naturzauber. Damit sich das ändert, führt unser heutiger Spaziergang in und um den grünen Naturpark, den Limburger Bürger bereits Anfang des 20. Jahrhunderts auf dem erloschenen Vulkan angelegt haben. Damals weideten auf dem 174 Meter hohen Berg, der die viertgrößte Erhebung der Domstadt bildet, noch Schafe. Unsere Strecke ist rund 4 Kilometer lang und für Senioren und Kinder gut geeignet. Und Herrchen oder Frauchen fühlen sich hier mit ihrem vierbeinigen Schützling ebenfalls prima aufgehoben.

Dauer: ca. 120 Minuten
Strecke: 3 km
ÖPNV: Haltestelle Tilemannstraße

Auf dem Schafsberg thront das St. Vincenz-Krankenhaus.

Treffpunkt ist der Freiherr-vom-Stein-Platz, vor dem **»Alten Gymnasium«**. Der sehenswerte, 1905 im Stil des späten Historismus erbaute Gebäudekomplex hat im Laufe seines Lebens oft den Namen gewechselt. Je nach Funktion nannten ihn die Limburger bis 1962 Gymnasium. Als dieses 1962 in den Neubau auf den Schafsberg umzog, wurde es die PPC. Und seitdem dieses berufliche Gymnasium, das nach dem Limburger Bürger Peter Paul Cahensly benannt wurde, ebenfalls den Sitz wechselte, heißt das Gebäude »Altes Gymnasium«. Heute sind hier Klassenräume und Büros der danebenstehenden Theodor-Heuss-Schule (Grund- und Mittelstufenschule) untergebracht.

Start ist am »Alten Gymnasium«.

Blick auf den jüdischen Friedhof.

Am Waldrand ist der große Spielplatz.

Vor dem Haus kann geparkt werden. Am Portal führt der schmale Fußweg an der Theodor-Heuss-Schule vorbei und dann zwischen Schafsberg und den Gärten der angrenzenden Häuser bis um die Ecke. Jetzt muss eine kurze Strecke auf der Beethoven-Straße zurückgelegt werden. An der malerischen Holzvilla, im Volksmund **Villa Kunterbunt** genannt, geht es noch auf der Straße vorbei. Kurz darauf beginnt der Wald.

Direkt am Eingang auf der linken Seite ist der **jüdische Friedhof**, der in der ersten Hälfte des 19. Jahrhunderts angelegt wurde. Zwischen dem jüdischen Friedhof und dem großen Kinderspielplatz führt der Weg mitten in den Wald. Wir entscheiden uns aber heu-

Der kleine Wanderweg am Fuße des Bergs.

te zunächst für Helligkeit und Licht, lassen den **Spielplatz** links liegen und laufen ein Stückchen bergab. Vor den Bahngleisen schlängelt sich ein Spaziersträßchen links entlang durch die Ebene. Wir sind mitten im Grünen. Rechts geht der Blick über das **Schirlinger Feld** und nach **Staffel** – einst Dorf, seit 1972 Ortsteil der Domstadt.

Vor den Bäumen des Schafsbergs locken vom Frühling bis zum Herbst blühende Wiesen. Immer wieder führt ein Weg nach oben. Sogar von hier unten kann der Spaziergänger die komfortablen **Rastplätze** entdecken. Am Waldrand ist eine erste Hängematte aufgebaut (es gibt zwei), weiter vorne lockt ein hölzernes Waldsofa zum Ausruhen. Sogar mitten auf der Wiese winkt, wie eine Insel, mit zwei, drei schmalen Bäumen als Schattenspender, ein Rastplätzchen. Und ebenso wie oben auf dem Greifenberg lädt die Stadt ihre Bürger hier zum Ernten im kleinen **Obstgarten** ein.

Am grauen Stromkasten ist der Grenzweg erreicht. Davor verabschiedet sich Hessen, dahinter grüßt schon Rheinland-Pfalz. Wir bleiben aber in Hessen, biegen nach links ab und laufen nach oben, auf den Wald zu. Bald begleitet uns auf der rechten Seite der Zaun,

Parallel zum Fußweg die Kastanienallee.

der zur **Polizeischule Rheinland-Pfalz** gehört. Mit Betreten des Wäldchens öffnet sich links, parallel zum Fußgängerweg, die ehrwürdige alte **Kastanienallee**. Am allerschönsten ist sie im Herbst, wenn zwischen rotgoldenen, bunten Blättern und Sonnenflecken die glänzenden Kastanienfrüchte liegen. Die leichte Steigung ist gut zu bewältigen und siehe da: Vorne rechts winkt schon wieder ein Ruheplätzchen. Die überdachte **Schutzhütte »Treffpunkt Schafsberg«** bietet Raum für eine Auszeit.

Wer hier geradeaus weitergeht, läuft neben dem ebenfalls sehenswerten, riesigen städtischen **Hauptfriedhof** mit den oft malerischen, romantischen Gräbern und kommt zwischen **Tilemannschule** und Friedhofseingang raus. Scharfe Augen entdecken an manchem Baum auf der Rinde kleine Gesichter aus Knete oder Salzteig, die die Kinder vom Waldorfkindergarten, der hier oben ebenfalls sein Refugium hat, angebracht haben.

Aber zurück zur Schutzhütte. Wir laufen heute nämlich nicht weiter bergauf, sondern biegen links ab, spazieren also quer durch den Wald ein Stück zurück. Allerlei Flora und Fauna kreuzen den

Die Hütte Treffpunkt Schafsberg.

Weg. Typisch für Limburg sind die zahlreichen Eichen, die hier wachsen. Aber auch mit einigen Exoten kann das Stadtwäldchen aufwarten. Es gibt mehrere Mammutbäume, Roteichen, Zedern, Elsbeeren und am Waldrand eine Lindenallee.

Auf zahlreichen Schildern kann mehr über die einzelnen Bäume nachgelesen werden. Der Schafsberg gehört der Stadt und wird von HessenForst bewirtschaftet. Hier wird auch Holz »geerntet« und verkauft.

Oh, hallo, da kommt ja schon die nächste Schutzhütte. Das hölzerne Schild **»Waldklassen-**

Auch der malerische Alte Friedhof auf dem Schafsberg lohnt einen Spaziergang.

Aus Stöcken wurden kleine Zelte gebaut.

zimmer« berichtet, dass während der ersten beiden Corona-Jahre hier häufig Unterricht gehalten wurde. Das grüne Klassenzimmer sorgt für gute Laune und was Kinder hier so alles schon gemacht haben, verrät der Weg, der vom Eingang der Hütte direkt nach oben Richtung Schule führt. Rechts im Wald wurden Sitzgelegenheiten und Häuschen gebaut. Die Heißklebepistolen glühten aber auch für die **Zwergenhäuschen**, die aus lauter Naturmaterialien entstanden sind.

Wenn Spaziergänger die Zwergenhäuser entdecken, können sie sich über die kleinen Bewohner mithilfe eines QR-Codes informieren, der an jeder Behausung angebracht ist. Von jedem Zwerg wurde ein Steckbrief hinterlegt, der Informationen über Aussehen, Namen und geheime Kräfte preisgibt. Die drei Zwergenhäuser sind auf Initiative der Stadtjugendpflege entstanden. In den nächsten Jahren soll daraus ein ganzes Dorf entstehen.

Wieder zurück auf dem Weg nach oben, entlang am altsprachlichen Gymnasium Tilemannschule, benannt nach dem Stadtchro-

Der Gedenkstein neben dem Kanonenweg.

nisten Tilemann Elhen von Wolfhagen, landen wir direkt an der Straße. Hier steht das Pendant zum **Gedenkstein** der Schlacht um Limburg zwischen Franzosen und Österreichern (nachzulesen im Kapitel »Greifenberg«). Daher auch der Name Kanonenweg.

Die Autos, die hier vorbeifahren, sind auf dem Weg zum **St. Vincenz-Krankenhaus**, dessen hohe Gebäude durch die Bäume lugen.

Nach dem Überqueren der Straße geht es durch die Albrechtstraße und dann schnurgerade den Berg hinunter. Von oben ist das

Als Relief sind die Visionen der Heiligen Hildegard von Bingen in der silbernen Türe der Kirche dargestellt.

»Alte Gymnasium« zu sehen, wo unser Spaziergang begann. Der Blick nach rechts lohnt aber auch. Er zeigt eine ungewöhnliche Kirche. **St. Hildegard** entstand in den Jahren 1965 bis 1967. Das Gotteshaus hat sich, wie unschwer zu sehen ist, an der Architekturströmung der »fliegenden Dächer« orientiert. Die Zeltform symbolisiert das Volk Gottes, das unterwegs ist. Die Form der Flügel steht für den Adler, der seine Brut beschützt. Und die verglaste Fassade soll zeigen, dass das Leben in der Welt auch Teil des Gottesdienstes ist. Aufgrund ihrer künstlerischen und städtebaulichen Bedeutung ist die Kirche Kulturdenkmal nach dem hessischen Denkmalschutzgesetz. Seit 2005 ist hier, auf Initiative des damaligen Bischofs Franz Kamphaus, auch die **Jugendkirche Crossover** mit **Jugendcafé** zu finden. Einen Blick wert ist auch der Haupteingang, der sich im Hof befindet. Als Relief sind die Visionen der Heiligen Hildegard von Bingen in der silbernen Türe der Kirche dargestellt.

Tilemann Elhen von Wolfhagen

Immer wieder begegnen wir in Limburg dem berühmten Tilemann Elhen von Wolfhagen (1347? bis nach 1402). Wie viel Wissen aus der Geschichte haben die Limburger diesem mittelalterlichen Chronisten zu verdanken. Der Kleriker, der vermutlich aus Elhen in der Nähe von Wolfenhagen stammte und nach seinen Studien in Mainz und Paris wegen der Verwandtschaft nach Limburg zog, begann um das Jahr 1377 mit seinen Aufzeichnungen aus dem täglichen Leben in der Domstadt. Seine Limburger Chronik ist neben der Straßburger Chronik das Ausführlichste, was es an Darstellungen aus dem mittelalterlichen Leben gibt. Unter anderem hat er zahlreiche Texte mittelalterlicher Lieder aufgeschrieben. Und er hat sich eingehend mit der Mode seiner Zeit befasst. Da geht es um Fledermausärmel, Strumpfhosen und Schnabelschuhe – wer sein Standbild im Alten Rathaus betrachtet, sieht selbst, wie sich die Menschen gekleidet haben.

Tilemann Elhen von Wolfhagen steht im alten Rathaus.

Seit 1370 hat Tilemann auch als kaiserlicher Notar gearbeitet. Er und Ehefrau Grete lebten im Haus Frankfurter Straße 1 am Bischofsplatz (heute italienisches Bistro Generale). Von der Chronik gibt es inzwischen etliche Auflagen. Jede Limburger Buchhandlung dürfte sie parat haben. Nach dem Chronisten ist nicht nur das altsprachliche Gymnasium, sondern auch eine Straße benannt.

7 – Altstadt zum Anbeißen

Café
Coca-Cola

Altstadt zum Anbeißen

Von Plätzchen zu Plätzchen die Altstadt entdecken

Wer die Zitate und Gedichte berühmter Menschen verfolgt, erkennt rasch: Essen und Trinken gehören zu den schönsten Dingen im Leben. Das wussten die Limburger schon immer. Gerade auf den kleinen Plätzen und in den Gassen der Altstadt dreht sich schon seit dem Mittelalter vieles um die zweitschönste Sache der Welt. Limburg ist einfach zum Anbeißen – nutzen Sie das! Wenn es Ihnen irgendwo besonders gefällt, unterbrechen Sie unseren Spaziergang einfach. Setzen Sie sich, genießen Sie eine Tasse Kaffee oder ein Glas Wein oder lassen sich ein Stück Kuchen servieren.

Dauer: ca. 20 Minuten
Strecke: 0,5 km
ÖPNV: Haltestelle Hospitalstraße oder Eschhöfer Weg

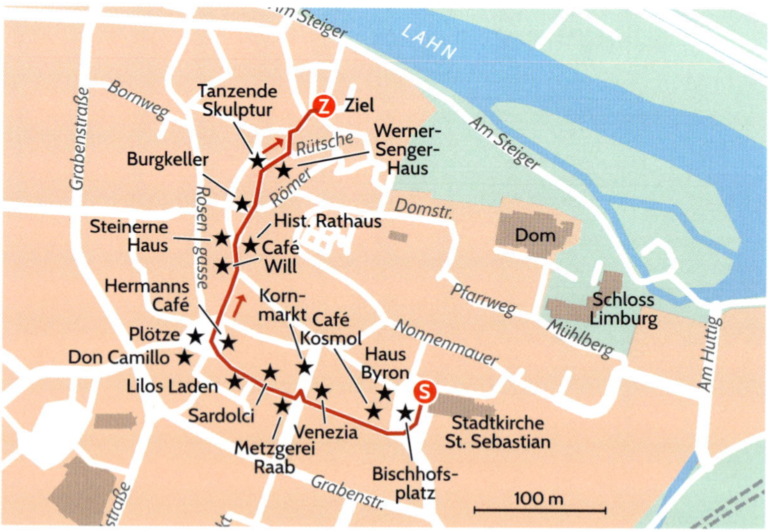

Beeindruckende Kulisse am Bischofsplatz.

Bischofsplatz

Unser Weg beginnt auf dem **Bischofsplatz**. Wer sich auf die Höhe der **Stadtkirche St. Sebastian** stellt, kann eine der schönsten Fachwerkfronten genießen. Das Fachwerk wurde erst in den 70er Jahren bei der Altstadtsanierung wieder freigelegt. Das winzige Eckhaus (Grundfläche 18 Quadratmeter) zur Barfüßerstraße nennt sich **Haus Byron**. Hier sind skurrile Kunstwerke aus Brotteig ausgestellt. Der verstorbene Bäckermeister Friedel Hensler war berühmt für seine Teig-Kunstwerke. Die kleine Bäckerei am oberen Kornmarkt gibt es noch heute.

Wir bleiben aber auf dem Bischofsplatz. Die Fachwerkfront aus drei Häusern gehört zum **Café Kosmol**. Die Zuckerbäckerei wurde 1898 gegründet und ist weit bekannt für ihre hausgebackenen vielstöckigen Baumkuchen. In der kleinen **Töpferei** mit dem schmucken grünen Holzrahmen im Eckhaus daneben gibt es zwar nichts zu essen, dafür aber das passende Geschirr, Butterbehälter wie sie einst waren und Krüge in warmen bunten Farben.

Zum Essen und Trinken lädt auch das Gebäude gegenüber, in der **Frankfurter Straße 1**, ein. Dort, wo jetzt Kaffee, Weine, Pasta oder eingelegtes Gemüse über die Theke wandern und wo ein Hauch Italien in der Luft liegt, wohnte ab 1392 der damals berühmteste Mann der Stadt: Chronist und Notar Tilemann Elhen von Wolfhagen. Nach einer wechselvollen Geschichte – das Haus war später lange in Bäckerhand und gehörte dann dem Bischöflichen Ordinariat, stand es 1998 zum Verkauf und wurde vom damaligen italienischen Gemeindereferenten übernommen, der hier gemeinsam mit seiner Familie zum italienischen Mittagstisch einlädt. Die geschnitzten Holzbalken über dem Eingang erzählen heute noch vom Bäckerhandwerk.

Unser Weg führt weiter vorbei am **Trombetta-Haus**. Der klassizistische Fachwerkbau wurde von einer alten Limburger Handelsfamilie (Trombetta) so aufgebaut, dass Teile der ehemaligen Stadtmauer integriert wurden. Hier beginnt die Fleischgasse.

Fleischgasse erster Teil

In diesem Teil des Sträßchens gibt es nur ganz wenige Geschäfte. Links locken dekorative »Lieblingsstücke«, rechts ist ein Fenster, das den Blick auf die Baumkuchen-Bäckerei erlaubt. Bei der Herstellung wird eine feine biskuitähnliche Masse Schicht für Schicht auf eine heiße drehende Walze aufgetragen und bis zu einer Dicke von 15-18 Schichten und einer Länge von 1,25 Meter gebacken. Und zu guter Letzt kommt noch Schokolade hinzu ... Mhmmm!

Weiter geht es entlang der Rückfront des **Dom Hotels**, das 1832, zwei Jahre nach Abriss der mittelalterlichen Stadtmauer, errichtet wurde. Margarethe und Josef Anton Hilf eröffneten das für damalige Verhältnisse – Limburg zählte noch keine 3.000 Bewohner – ausgesprochen stattliche Hotelgebäude unter dem Namen »Hotel de Prusse« neben dem Roten Turm, einem der Eingänge zur Altstadt. Die französische Firmierung machte den Anspruch auf einen internationalen Gästekreis deutlich.

Wer den Kopf in den Nacken legt, sieht oben einen ganz ungewöhnlichen **quaderförmigen Anbau**, der in der Domstadt zunächst heftig diskutiert wurde – und nun einen Kontrapunkt zum klassizistischen Gebäude darstellt. Von den Zimmern oben hat man einen sensationellen Blick auf den Dom.

Wenn die alten Mauern erzählen könnten, würden sie von prominenten Besuchen berichten. Beispielsweise von dem Tag im August 1896, als Großfürst Michael Michaelowitch von Russland und Prinz Nicolaus von Nassau hier zu Gast waren. Oder vom Restaurant, wo der damalige Koch Ewald Jeck den »Limburger Säcker« zauberte. Wie das Rezept zu seinem Namen kam, lesen Sie im Kapitel »Unterwegs auf der alten Handelsstraße«. Leider hat das Restaurant seit Corona geschlossen, Übernachtungen sind natürlich jederzeit möglich. Und wer weiß? Vielleicht wird hier auch demnächst wieder ein Edelsäcker serviert.

Rezept Limburger Edelsäcker

Als Autor Josef Thaller 1994 unter Mitwirkung von »Hessen à la carte« den sechsten Band in der Reihe »Die hessische Meisterküche« herausgab, wurde Domhotel-Küchenchef Ewald Jeck nach typischen Limburger Rezepten gefragt. Er reichte den Edelsäcker ein. Die deftige Spezialität kam nicht nur auf den Tellern, sondern auch auf dem Papier gut an. Wer ihn einmal selbst kochen möchte, findet hier das Rezept von Ewald Jeck: Vier Scheiben Dörrfleisch würfeln und anbraten. Vier Essiggurken in Scheiben schneiden. 800 Gramm Kalbsrücken (ohne Knochen) in vier gleiche Stücke schneiden. In diese Schnitzel eine Tasche schneiden, mit jeweils einem Teelöffel Senf ausstreichen und zwei Esslöffeln rohem Sauerkraut, den Gurken und dem Dörrfleisch füllen. Das Fleisch mit Holzstäbchen zusammenstecken, mit Salz

Ewald Jeck mit seinem Edelsäcker.

und Pfeffer würzen und in Mehl wenden. In der Pfanne auf beiden Seiten fünf bis sechs Minuten langsam braten. Den Edelsäcker warm stellen. Die Zwiebel in Streifen schneiden und in Butter goldgelb braten. Über die Säcker geben. Als Beilagen empfehlen sich Buttererbsen und Kartoffelpüree. Guten Appetit!

Kornmarkt

Die Fleischgasse führt im unteren Bereich quer über den **Kornmarkt**. Nomen est omen: Klar, auf dem Kornmarkt wurde mit Getreide gehandelt. Im steinernen Haus rechts oben (heute Commerzbank) war auch die städtische Waage. Und Peter Paul Cahensly röstete dort unter anderem feinen Kaffee. Wie das Leben so spielt: Direkt gegenüber, am Anfang der Barfüsserstraße, gibt es heute wieder eine **Kaffeerösterei** mit Limburger Kaffee. Im oberen Bereich des Kornmarktes waren auch mehrere Bäcker (heute noch die eben genannte **Bäckerei Hensler**), die schon nachts den Ofen befeuerten. Mit ihrer Restwärme durften Nachbarn schließlich ihr eigenes Brot backen. Diese Menschen wurden schon im Mittelalter »Eigenbrötler« genannt.

Auch auf dem Kornmarkt lässt es sich genießen.

Reinheitsgebote gab es damals auch: Auf Bäcker, die ihr Brot streckten, wartete eine üble Strafe, die sogenannte »Bäckertaufe«. Die Bäcker wurden in den großen Graben vor der Stadtmauer geworfen und mussten tauchen. Der Limbur-

Im Cahensly-Haus wurde einst Kaffee geröstet.

ger Stadtgraben war immerhin 14 Meter breit und drei bis vier Meter tief. Er diente nicht nur militärischen Zwecke, sondern wurde auch als Fischteich genutzt. Vermutlich wurde der eine oder andere Bäcker also zudem noch ordentlich in die Wade gezwickt.

Auch heute ist der Kornmarkt noch (Mit-)Schauplatz verschiedener Märkte. Essen und Trinken kann man in gleich drei gastronomischen Betrieben. Unter anderem im **Batzewert** (rechts am unteren Markt). Die urige Kneipe war einst das Rathaus der Stadt. Direkt daran schließt sich das **Venezia** als ältestes Eiscafé der Stadt an. 1937 hatte sich der 80-jährige Stadtälteste Josef Grimm zur Ruhe gesetzt und seine Schuhmacher-Werkstatt kurzentschlossen an den Gießener Eis-Hersteller Pfannenschmidt vermietet. Seither gibt es hier alle möglichen Geschmacksrichtungen – von Joghurt- bis Pistazieneis. Gegenüber ist das **Meloni**, das sich inzwischen auch im Winter weit auf dem ehrwürdigen Pflaster ausdehnt. In diesem Haus war einst das erste Kaufhaus der Domstadt untergebracht.

Die Altstadt hat auch für junge Menschen viel Zauber.

Fleischgasse zweiter Teil

Der Eingang zum zweiten Teil der Fleischgasse wird links gerahmt von der **Metzgerei Raab**. Das passt – und deshalb hören wir jetzt auch, wie das Sträßchen zu seinem Namen kam. Die Zünfte lebten meist zusammen und in den Häuserreihen der Fleischgasse wohnten und arbeiteten die Metzger und die Pferdehändler. Aus gutem Grund: Der Standort war für sie ideal. Direkt nach dem Schlachten wurden die Tierreste in den – inzwischen unterirdisch verlaufenden – Kasselbach geworfen und waren somit gut weg! Links neben der Metzgerei gibt es eine kleine **Confiserie** und Mandelbrennerei. Belgische Pralinen und kleine Jahrmarkt-Süßigkeiten erfreuen die Besucher.

Der zweite Teil der Fleischgasse hat interessante Läden zu bieten. Dazu gehört das winzige sardische Nudelgeschäft mit selbst gemachten Teigwaren. Es heißt **Sardolci** und wird von Serena Loddo geführt. Der HR hat die Sardin und ihre Kochkünste Ende 2021 entdeckt und mit ihr bereits mehrere Folgen über das Land und das sardische Essen gedreht. Auch **Lilos Laden**, in der Fleischgasse 10, ist längst Kult. Inhaberin Lilo Brinkmann handelt seit 1967 mit Weihrauch, Mineralien, Edelsteinen, Duftölen und Räucherwerk und führt damit das älteste Fachgeschäft in der Altstadt. Touristen aus ganz Europa besuchen gezielt das kunterbunte, ein wenig spirituelle und sehr liebenswürdige Geschäft. Auch Lilo war schon im Fernsehen.

Plötze

Ein paar Schritte weiter öffnet sich schon die **Plötze**. Auch hier ist der Name wieder Programm: Plötze heißt auf Neudeutsch schlicht »Kleiner Platz«. Die Plötze ist rundum besiedelt von gastronomischen Betrieben und bietet gerade im Frühjahr und Sommer wunderbare Rastplätze. Hier gibt es einen **Gummibärenladen** und drei Italiener, darunter auch das **Don Camillo**. Gründer Giuseppe Rizzo war ein echtes Original und servierte seinen Gästen auch schon mal das Essen im Gewand einer Soutane. Als die Stadt 2003 ihren Dom spätabends nicht mehr anstrahlen wollte, um Kosten zu sparen, erbot sich der mittlerweile verstorbene »Don Camillo« künftig für die Illumination aufzukommen. Seine Frau und seine Söhne führen das Restaurant weiter. Wer beim »Don Camillo« vorbeigeht, kommt zur Grabenstraße. Zwischen den Geschäften stand hier einst der sogenannte Eulenturm mit dem Diezer Tor. Leider ist davon nichts mehr zu sehen.

Aber zurück auf die Plötze. Bevor wir den Weg bergauf, also Richtung Dom, einschlagen, werfen wir noch einen Blick auf die Empo-

Rechts das Weinhaus Schultes mit dem geschnitzten Wal, der Jonas im Maul hat.

re hinter dem **Ritter Hattstein-Brunnen**. Rechts blickt die Fassade von **Hermanns Café** auf die Besucher hinab. Bäckermeister Helmut Bischoff hatte den verfallenen Altbau an der Plötze 10 im Jahre 1954 gekauft und abgerissen. Mit liebevollem Blick auf das umliegende Altstadt-Ensemble wurde mit der neu erbauten Fachwerk-Fassade eine Illusion geschaffen, die heute noch Besucher und Bewohner der Altstadt erfreut – und täuscht! Denn jeder, der vor »Hermanns Café« steht, glaubt, vor mittelalterlicher Baukunst zu stehen. Die Koch- und Backkünste bei Hermann sind dagegen echt.

Jetzt geht es berghoch, Richtung Fischmarkt und Dom. Rechts und links winken ebenfalls Restaurant, Bistro und Pizzeria.

Sehenswert ist das **Weinhaus Schultes**, das erst vor wenigen Jahren von kundiger Hand wieder originalgetreu hergerichtet wurde und gleich mehrere Denkmalpreise eingeheimst hat. An den Verzierungen des Erkers entdecken aufmerksame Spaziergänger die biblische Geschichte von »Noah und dem Wal«, wobei der Wal mit Schnauze, Zähnen, Beinen und Ohren nicht wirklich wie ein Wal aussieht. Aber woher sollten die Limburger damals auch wissen, wie ein Wal aussieht? Um nur nichts verkehrt zu machen, haben sie ihm auf alle Fälle eine Fischflosse verpasst. Auch innen strahlt das seit 1836 als Gasthaus genutzte Haus dank der über 100 Jahre alten Holzvertäfelung, dem Ofen und den alten Wirtshausmöbeln einen unvergleichlichen Charme aus.

Fischmarkt

Die blanken grauen Pflastersteine locken weiter, vorbei am ältesten Café der Stadt, dem **Café Will** mit den kleinen Marzipanfiguren und feinen Torten (siehe auch Kapitel »Alte Handelsstraße«). Hier oben beginnt der **Fischmarkt**. Rechts steht das **Historische Rathaus**, in dem zu seinen Restaurantzeiten das Limburger Gericht »Edelsäcker« erfunden wurde. Dieses sogenannte Gotische Hallenhaus aus dem 14. Jahrhundert ist ein wunderbares Beispiel für die Baukünste der Limburger, die eine besondere Architektur entwickelt haben. Schauen Sie ruhig mal rein: Heute sind hier die Städtischen Kunstsammlungen untergebracht.

Nach wie vor ist das älteste Café der Stadt noch familiengeführt.

Wenn sich die schwere Eichentür öffnet, blicken Sie in die riesige Halle, die fünf bis sechs Meter hoch ist. Die hohen Erdgeschoss-Räume wurden als Warenlager und Verkaufsraum genutzt, manchmal auch als Werkstatt. In manche dieser Häuser fuhren die Kaufleute sogar mit ihren Fuhrwerken. Eine Wendeltreppe drehte sich nach oben zu den Wohnungen. 27 Häuser dieser Bauart gibt es in der Domstadt. Alle haben einen rund fünf Meter tiefen Keller.

Das Alte Rathaus war zunächst im Besitz eines reichen Geschwisterpaares und wurde dann von der Stadt 500 Jahre lang als Rathaus genutzt. Hier saß nicht nur der Bürgermeister, der damals Schultheiß genannt wurde, sondern auch der oberste Beamte. Und so treffen wir ihn wieder, den Stadtschreiber Tilemann Elhen von Wolfenhagen, der hier über 25 Jahre arbeitete. Ohne seine Aufzeichnungen wüssten die Menschen viel weniger über das mittelalterliche Leben in den Städten.

Schön, schöner, am schönsten? Welcher Limburger Platz am schönsten ist, ist schwer zu sagen. Jedenfalls besticht der Fischmarkt mit seinen hochgewachsenen Fachwerkhäusern und dem schmu-

Der Fischmarkt mit seiner fröhlichen Kulisse.

cken **steinernen Haus** gegenüber des Rathauses mit einem einmaligen Zauber. Das Mittelalter lässt grüßen, aber in einer bunten und fröhlichen, fast italienisch anmutenden Kulisse. Rundum laden Cafés, Restaurants, Pizzerien und Kneipen in ihr Inneres ein. Bei schönem Wetter fühlt man sich auf den Terrassen wie im Urlaub. Besonderheiten gibt es auch, zum Beispiel die Kneipe **Tonne** im alten Gewölbekeller. Oder den urgemütlichen **Burgkeller** am Fischmarkt 10. Er wurde 1650 erbaut und vermittelt beim Besuch viel mittelalterliches Flair. Und überall schmeckt es! Die kulinarischen Freuden werden durch den **Teeladen** und das **Schokoladenhaus** abgerundet.

Dr. Schirmacher-Platz

Rechts geht es weiter zum **Dom**. Wir beenden unseren kulinarischen Rundgang aber in dem schmalen Gässchen links, das Rütsche heißt und zu einem ungewöhnlichen kleinen Plätzchen führt. Es wird durch flache Treppen gestaltet und hat schon mehrfach seinen Namen gewechselt. Um 1307 wurde es »Brotschirn« genannt. Das bedeutete so viel wie »Verkaufsbude« für Bäckereiwaren. Hier war richtig was los. Historiker berichten, dass es an dieser Stelle auch einmal einen Kuchenmarkt, einen Leinenmarkt und einen Schuhmarkt gab. 2020 erhielt die »Brotschirn«, auch »Rütsche« genannt, wieder einen neuen Namen. Der Platz heißt jetzt **Dr. Schirmacher-Platz**, zu Ehren eines verdienten Architekten, dessen Engagement (mit anderen) die sorgfältige Bewahrung und Restaurierung der Altstadt zu verdanken ist.

Die Tanzenden auf der Rütsche.

Auch aktuell ist der kleine Platz sehr beliebt. Die kleine, versteckte **Maßschneiderei** für Herrenmode von Frank Schneider (Kleider für Herren, Rütsche 7) ist ein Geheimtipp, und die Gaststätten daneben ziehen die Besucher magisch an. Insbesondere das **Werner Senger-Haus**. Der reiche Patrizier, der uns auf vielen weiteren Spaziergängen begegnet, lebte in diesem schmucken Hallenhaus, das heute mit einem ebenso schmucken Restaurantgarten verbunden ist. Noch eine Berühmtheit »wohnte« hier zeitweilig: Just in diesen Mauern wurde Johannes Bückler, besser bekannt als Räuberhauptmann Schinderhannes, von einem Landstreicher verraten und im Keller gefangen gehalten. Der Strolch konnte aber fliehen. Trotzdem endete sein Leben bald darauf auf der Guillotine.

Ein Blick noch auf die ungewöhnliche Skulptur, die seit 1990 den Platz schmückt. Sie heißt **»Die Tanzenden«**. Künstler Karlheinz Oswald wollte mit seiner Bronzeplastik an die Pest erinnern, die in der Stadt besonders in den Jahren zwischen 1349 und 1351 wüte-

Links das alte Gasthaus »Rundes Eck«, das nach wie vor zum Essen und Trinken einlädt.

te. Laut Tilemann Ehlen von Wolfenhagen reduzierte sich die Bevölkerung in diesen Jahren von 7.000 Bürgern auf um die 4.000 Einwohner. Die Figuren zeigen keinen Walzer, sondern die sogenannte »Tanzwut«, die Epilepsie, die während der Pestzeit bei Geißelungszeremonien auftrat, so hieß es bisher. Stadtarchivar Dr. Christoph Waldecker hat allerdings später bei seinen Untersuchungen festgestellt, dass die beiden Skulpturen tanzen, weil die Pest zu Ende ist.

Übrigens befand sich auf der höchstgelegenen Ecke in Richtung Fischmarkt eine Zeit lang auch der Pranger. Angekettete Straftäter wurden von den Limburgern verhöhnt, bespuckt und verprügelt. Ende des 17. Jahrhunderts wurde der Pranger durch den »Trulles«, einen großen Eisenkäfig, abgelöst. Dort bekamen die Gefangenen nur Wasser und Brot. Unser Spaziergang endet einige Meter weiter, die Rütsche hinunter, vorbei am Werner-Senger-Haus, an Lonies Lädchen. Seit einigen Jahren gibt es hier ein kleines Süßigkeiten-Geschäft, so wie früher in den Tante Emma-Lädchen. Auch das ist ein Stückchen Limburg zum Anbeißen.

Die Löffel abgeben

So einfach wie heute war das nicht mit dem Essen und Trinken im Mittelalter. Zumindest bei den einfachen Leuten gab es kein Besteck. Daher bekam jedes Kleinkind damals einen Holzlöffel übereignet, der es ein Leben lang begleitete. Was möglich war, wurde mit dem Löffel gegessen, alles andere ging durch die Hände. Gabeln gab es nicht und Fleisch wurde zumeist vom Hausherrn mit dem einzigen Messer mundgerecht geteilt oder gleich vom Knochen abgenagt. Der Löffel war für Frühstück, Mittagessen und Abendbrot da, für Suppen, Kartoffeln, Gemüse und Brei. Und wenn dann für den Löffelbesitzer der letzte Tag auf Erden kam, musste der Sterbende seinen Löffel eben abgeben – den bekam dann einer aus der nachfolgenden Generation.

Natürlich gibt es in der Altstadt auch Eisdielen – und da schmeckt's!

8 – Greifenberg – Sport und Spiel, Rückzugsort und Glaubensstätte

Greifenberg: Sport und Spiel, Rückzugsort und Glaubensstätte

Steinhaufen, Insektenhotel und Apfelbäume laden zum Verweilen ein

Heute heißt es also wieder: Raus ins Grüne. Eine abwechslungsreiche Landschaft lädt zum Spaziergang ein. Der Limburger Greifenberg ist nämlich gleichzeitig Sport- und Spielplatz, Ernteplatz, Rückzugsort und Glaubensstätte. Und er bietet ein ganz besonderes Stück Natur. Kommen Sie mit!

Dauer: ca. 60 Minuten
Strecke: 2 km
ÖPNV: Haltestelle Am Meilenstein oder Hammerberg

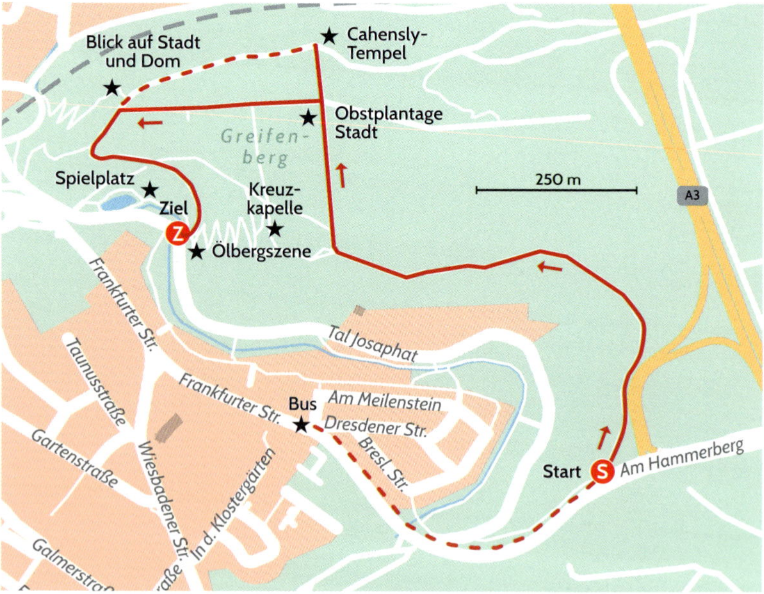

Verborgen unter den Bäumen: die Hütte Bielefeld.

Unser Spaziergang beginnt am **Hammerberg**, Richtung Autobahn, ein Stück über der Jugendherberge. Wer nicht mobil ist, kann mit der Stadtlinie bis zum Meilenstein fahren, muss aber dann ein Stück bergauf die Straße entlang wandern. Direkt am Beginn des Spazierwegs hat die Stadt kürzlich wieder eine Legende anbringen lassen. Das ist gut so, jeder weiß ja gerne, wo es lang geht.

Nach den ersten Metern schlängelt sich der Feldweg zwischen Birken, Hagebutten und vielen Sträuchern und anderen Bäumen nach links. Im Frühjahr blüht es um die Wette. Im Herbst finden sich unter den bunten Blätterdächern stachelige Kastanien, Eicheln und Bucheckern. Vernünftiges Schuhwerk macht Sinn – die Kinder können hier nach Herzenslust toben und rennen.

Leider sind die Daten auf dem Findling kaum mehr zu lesen.

Gleich an der ersten Lichtung fällt der Blick auf die **Hütte Bielefeld**, die von Linden umrahmt wird und zum Verschnaufen einlädt. Hier stand einst zwei Jahrzehnte lang ein hölzerner Aussichtsturm, der leider abgebrannt ist. Der Limburger Verschönerungsverein plant aber, den Turm wieder originalgetreu aufzubauen. Auch die Hütte soll erhalten bleiben. Sie wird einfach ein Stück versetzt. Übrigens ist hier eine der beiden Stellen in Limburg, von der aus die sieben Türme des Doms alle zusammen zu sehen sind.

Das Plateau schreibt zudem Geschichte: Weiter hinten, dort, wo der Wind am heftigsten bläst, steht die sogenannte **Schanze**. Auf dem **Findling**, der dort zu finden ist, ist eine Platte, die von der »Schlacht um Limburg« berichtet. Französische Revolutionstruppen und österreichische Streitkräfte, die von preußischen Bataillonen und den Truppen mehrerer deutscher Kleinstaaten unterstützt wurden, hatten sich am 16. September 1796 ein wütendes Gefecht geliefert. Die einen saßen auf dem 182 Meter über dem Meeresspiegel liegenden Greifenberg im Osten, die anderen am anderen Ende der Stadt im Westen, auf dem 174 Meter hohen Schafsberg. Die sich zurückziehende französische Revolutionsarmee unter Obergeneral Jourdan versuchte während dieses Ersten Koalitionskriegs (Napoleonische Kriege) vergeblich, die österreichischen Streitkräfte um Erzherzog Karl von Österreich am Überqueren der Lahn zu hindern.

Wer weiterläuft, kommt bald zum städtischen **Obstgarten**. Im Herbst dürfen hier Äpfel, Birnen und Renekloden geerntet werden. Erkennbar sind die städtischen Obstbäume und Streuobstwiesen an

Seit 1912 beliebter Rastpunkt: der Cahensly-Tempel.

blauen und roten Hinweisschildern mit kleinen Zeichnungen, die Tipps fürs Ernten geben. Und ja, natürlich dürfen die Spaziergänger hier gerne ein Päuschen machen und sich stärken.

Dann muss die Entscheidung fallen. Geradeaus geht es in den Wald bis hinunter zum **Cahensly-Tempel**.

Einer der hochgelobten Söhne der Stadt, Kommerzienrat Peter Paul Cahensly, hat den steinernen Bau im August 1912 seinen Limburgern gestiftet. Die damalige Tageszeitung, Vorgängerin der Nassauischen Neuen Presse, berichtete groß über die einzigartige Aussicht. »Der einzig schöne Blick auf Dom, Stadt und Lahn hat mehr

Insektenhotel und Infotafeln laden zum Naturschutz ein.

wie lokale Bedeutung. Das Bild ist eine Perle der Naturschönheiten nicht nur Nassaus, sondern Deutschlands«, hieß es. Die einmalige Aussicht ist jetzt zugewachsen, nur durch einige Äste lugen noch Teile der Autobahnbrücke und der Domtürme. Das steinerne Tempelchen im Wald bleibt trotzdem ein hochwillkommener Ruhe- und Rastplatz.

Wer jetzt rechts einbiegt, läuft bis zum Ortsteil **Eschhofen**. Links hinunter geht es den **Waldlehrpfad** entlang, der sich einige Hundert Meter weiter mit dem Weg zu den städtischen Obstbäumen kreuzt.

Diesen Rundweg machen zwölf **Schautafeln** spannend: Die berichten nämlich über die Tiere des Waldes und der Streuobstwiese. Die Anatomie eines Baumes wird ebenso vorgestellt wie das Leben im Steinhaufen oder im Totholz. Im oberen Bereich blühen zudem viele Wildblumen. Und das **Insektenhotel** ist ebenfalls für große wie kleine Familienmitglieder sehenswert.

Nach dem Zusammenschluss der Wege geht es bergab. Auf dem Wanderpfad erreichen wir in etwa zehn Minuten den **Spielplatz**

Die große Ölbergszene ergänzt den Kreuzweg.

im Tal Josaphat. Theoretisch könnte man auch noch den Kreuzweg quer durch den Wald, in umgekehrter Richtung, laufen. Leider verhindern das der Wildwuchs und die umgefallenen Bäume. Die 14 **Kreuzweg-Stationen** hat der Limburger Kaufmann Peter Paul Cahensly im Jahr 1900 entlang des Steilhangs bis hoch zur Kreuzkapelle gestiftet. Die hocheckigen Tonreliefs sind neogotische Sandsteinstelen mit Pyramidendächern. Die **Kreuzkapelle** wurde vermutlich bereits um 1666 von einer Limburger Familie gestiftet. Sie wurde 1792 bei Rückzugsgefechten preußischer Truppen und 1796 in der Schlacht bei Limburg stark beschädigt, aber wieder aufgebaut und in den Jahren 1979/82 restauriert. Kapelle und Kreuzweg-Stationen stehen heute unter Denkmalschutz.

1905 wurde am Anfang des Wegs vis-à-vis vom Spielplatz noch eine annähernd lebensgroße, architektonisch gerahmte Ölbergszene durch den Blechwarenfabrikant Joseph Heppel hinzugefügt.

Der **Greifenberg** hat schon viel erlebt: Die Römer hatten hier ihr Lager aufgeschlagen. Funde einer Ausgrabung aus dem Jahr 2011 berichten von Resten einer befestigten Höhensiedlung der Michelsberger Kultur (zwischen 4400 und 3500 vor Chr.). Ein Zeugnis der Eisenzeit ist der seltene Fund einer Münze, genannt »Tanzendes Männlein«. Dieser keltische Silberquinar wurde zwischen 65 und 40 vor Chr. bei Oberursel im Taunus geprägt, war aber vermutlich noch deutlich länger als Zahlungsmittel im Umlauf. Er passt zu den Grabungsfunden vom Limburger Domberg aus dem Jahr 2009 und lässt auf eine keltische Siedlung schließen.

Peter Paul Cahensly: Kaufmann mit sozialem Engagement

Auch an der Commerzbank wird an Peter Paul Cahensly erinnert.

Wer den alten Domfriedhof – heute ein Park – besucht, findet noch einige Gräber alter Limburger Familien. Mittendrin steht auch der Grabstein der Familie Cahensly. Der 1838 geborene Peter Paul Cahensly, eigentlich Simon Peter Paul, war ein echter Limburger († 1923). Der Großkaufmann und katholische Sozialpolitiker unterstützte die Ansiedlung der Pallottiner in Limburg, kümmerte sich um katholische Seefahrer und italienische Einwanderer und machte sich vor allem um die Unterstützung deutscher katholischer Auswanderer verdient. 1899 erhielt er das päpstliche Ehrenkreuz »Pro ecclesia et pontifice« in Gold. Acht Jahre später wurde der Limburger zum päpstlichen Geheimkämmerer ernannt. Cahensly war Ehrenpräsident der deutschen Katholiken, Ehrenmitglied des Deutschen Caritasverbandes sowie Königlich Preußischer Kommerzienrat. Die Limburger machten den Mann, der 1871 den »St. Raphaels-Verein« gründete und sich in den Vereinigten Staaten drei Monate lang über das Schicksal deutscher Auswanderer informierte, zum Ehrenbürger und benannten eine Straße und eine Schule nach ihm. Langfristig führte sein Einsatz zu einer Verbesserung der Verhältnisse für Auswanderer in den Häfen und auf den Auswandererschiffen. Es entstanden internationale Organisationen zum Auswandererschutz. In Deutschland kam nicht zuletzt auf Betreiben von Cahensly ein Reichsgesetz über das Auswandererwesen (1897) zustande. 1868 übernahm er das Familienunternehmen in Limburg, das zum einen einen Großhandel mit Kolonialwaren betrieb und gleichzeitig im Bankgeschäft tätig war (in der heutigen Commerzbank auf dem Kornmarkt). Seine Lehrlinge wohnten in seinem Haus – der streng katholische Kaufmann wollte die jungen Menschen zu guten Christen erziehen. Übrigens gehörte der Limburger auch zu den Mitbegründern des Nassauer Boten, einem Vorläufer der Nassauischen Neuen Presse.

Peter Paul Cahensly ruht zu Füßen des Doms.

9 – Zwei Freizeitparks in Linter

Zwei Freizeitparks in Linter

Vom Zeppelinstein zur Piratenjagd

Limburg lockt natürlich mit jeder Menge kultur- und geschichtsträchtigen Zielen. Wenn Sie heute aber lieber mal den Schwerpunkt auf Natur und Abenteuer setzen wollen, ist dieser Spaziergang gerade richtig. Vor allem mit Kindern, die hier gleich mehrere Highlights erleben können. Allerdings brauchen Sie für diesen Spaziergang richtig Zeit, denn wir besuchen zwei Freizeitparks. Natürlich gibt es aber auch die Möglichkeit, den Spaziergang zu wiederholen und jedes Mal nur eine der Attraktionen zu besuchen.

Dauer: ca. 120 Minuten
Strecke: 3,3 km
ÖPNV: Haltestelle Robert-Koch-Straße, Rückfahrt Haltestelle Kreissporthalle

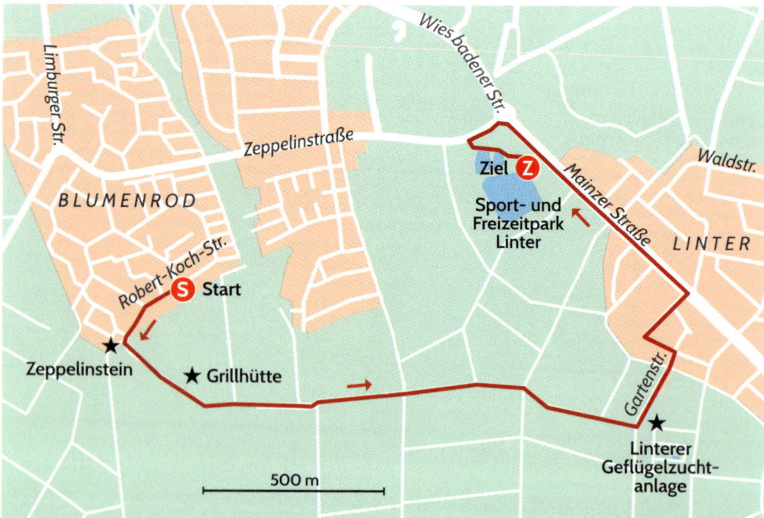

Vorab noch einige Stichworte über den Stadtteil **Blumenrod**, in dem unser Spaziergang beginnt. In den 60er Jahren wurde Limburg als Wohnort immer beliebter. Baulandmöglichkeiten gab es nur in südlicher Richtung, in der Nähe der hessischen Staatsdomäne Blumenrod. Dieses Land kaufte die Stadt Limburg 1965 vom Bund für 1,4 Millionen Mark. Auch hier war Bürgermeister Josef Kohlmaier federführend. Der Spatenstich zur heutigen Wohnstadt Blumenrod (mit vier Bauabschnitten auf rund 45 Hektar) erfolgte am 19. April 1967. Einige Jahre später wurde eine Bürgergruppe gegründet, an deren Spitze der frühere ehrenamtliche Stadtrat Heinz Overbeck und der Schuldirektor Bernhard Heun standen. Gemeinsam mit vielen anderen Blumenrödern sorgten sie mit Ideen und Engagement für eine gute Gemeinschaft und etliche Freizeitmöglichkeiten.

Am besten, Sie stellen das Auto irgendwo in der Robert-Koch-Straße ab. Dort wäre, falls Sie nicht mobil sind, auch eine Bushaltestelle. Die Linie 3 kommt vom Zentralen Omnibusbahnhof West (am Bahnhof) und hält hier an. Wie auch immer wir anreisen, wir biegen in der Robert-Koch-Straße rechts ab und kommen in die Kneippstraße. Vor uns sehen wir schon den großen Gedenkstein am Fuße eines kleinen, bewachsenen Hügels. Warum er aufgestellt wurde?

Wir schreiben das Jahr 1910, es ist der 25. April. Es stürmt gewaltig und wer die Augen zum Himmel erhebt, sieht, wie eines der neuen Starrluftschiffe, die nach ihrem Erfinder Ferdinand Graf von Zeppelin benannt wurden, rasant an Höhe verliert. Die dramatischen Winde zwingen den Zeppelin Z2, der auf der Rückfahrt vom Besuch bei Kaiser Wilhelm II. in Bad Homburg ist, zu einer Notlandung. Das 136 Meter lange und 13 Meter breite Militärluftschiff, geführt vom Hauptmann von Jena, landet genau hier an dieser Stelle, im Blumenröder Feld.

Es war unglaublich! Wer die Chance hatte, vorbeizukommen, eilte nach Blumenrod, um den Zeppelin zu sehen. Leider nahm die Geschichte schon am nächsten Tag ein trauriges Ende. Der Zeppelin wurde von einer starken Böe aus seiner Verankerung gerissen, trieb führerlos das Lahntal aufwärts und zerschellte am Webersberg in Weilburg.

Kleiner Hügel mit viel Geschichte und einem Gedenkstein.

75 Jahre nach der unfreiwilligen Zeppelin-Landung in Limburg, errichtete die Bürgergruppe Blumenrod den **Zeppelin-Gedenkstein**. Die Bronzeplatte dazu hat Berthold Conradi entworfen. Aber auch in der Zeit zwischen der Zeppelin-Landung und dem Setzen des Gedenksteins ist an diesem Platz etliches passiert.

1938/39 wurde hier ein Militärflughafen eingerichtet. Tatsächlich war auch Adolf Hitler einmal hier. Er machte Zwischenstation auf dem Weg nach Bad Ems, wo die SS zur Weihnachtsfeier eingeladen hatte. Der Flugplatz erstreckte sich Richtung Mensfelder Kopf. Es gab unter anderem eine Feldwerkstatt mit Verschraubungseinrichtungen, mit Tanks und einer Flugleitung. Zeitzeugen berichten von einem oder mehreren Flugzeugabstürzen. So manch heutiger Großvater in der Region ist noch durch die Trümmerhaufen gelaufen. Im Mai 1945 nahmen die Amerikaner den Flughafen ein und nutzten ihn künftig selbst. 1946 wurde er den Deutschen zurückgegeben.

Über die Reste der ehemaligen Flugzeughallen schütteten die späteren Häuslebauer auf Vorschlag der Bürgergruppe den Erdaus-

Den Mensfelder Kopf im Blick.

hub für die Fundamentierung ihrer Neubauten. Ein größerer Hügel entstand. Den Nordrand dieses Hügels verwandelten die Kinder bald in eine Rodelbahn. Damals wurde auch eine Seilbahn mit einem alten Reifen aufgebaut, den der Nachwuchs ebenfalls jauchzend nutzte. Der Hügel wurde zudem mit Kastanien, Walnussbäumen und Obstbäumen bepflanzt. Jeder Bürger darf nach wie vor dort ernten.

Nur ein Stückchen Weg weiter liegt die **Grillhütte**. Auch sie ist eine Gemeinschaftsarbeit der Blumenröder, die immer wieder die Ärmel hochkrempelten und mit hohem Eigenengagement Neues schufen. Vom Grillplatz aus geht es auf dem kleinen Trampelpfad immer geradeaus weiter. Vor uns liegt der **Mensfelder Kopf**. Mensfelden ist der erste Ort an der Hühnerstraße, der jenseits des Stadtgebiets von Limburg liegt. 315 Meter hoch ist die sanfte Kuppe des Naturschutzreservoirs. Von dort oben hat man einen herrlichen Blick. Seitlich sehen wir weite, brettflache Felder, die geradezu dazu einladen, im Herbst die Drachen steigen zu lassen. Hinter uns liegen die Berge des Westerwaldes.

Das Franziskus-Denkmal im Feld.

Nach einigen Hundert Metern kommen wir zum **Franziskus-Denkmal**. Es wurde anlässlich der Feierlichkeiten »625 Jahre Blumenrod« und »17. Blumenröder Kirmes« erstellt. Der richtige Platz fand sich am Flurstück »Alter Hof«, in Erinnerung an eine ehemalige Kapelle. Das Schmuckstück ist aus Klinkersteinen gemauert und mit dem bronzenen Bild des Heiligen Franziskus verziert. Entworfen wurde die Tafel ebenfalls von Berthold Conradi; gegossen wurde sie in der Glockengießerei Rincker in Sinn. Eine Ausgabe der Tageszeitung Nassauischen Neuen Presse, eine Flasche Rheingauer und eine Urkunde stecken zwischen Steinen und Mörtel.

Am 11. Mai 1990 weihte der damalige Landrat Dr. Manfred Fluck den neuen Bildstock feierlich ein. Gebaut haben den Bildstock Heinz Overbeck und Bernhard Heun – die beiden Herren waren auch federführend beim Aufstellen des Zeppelin-Steins. Der Bildstock wurde dem Heiligen Franziskus geweiht. Diesem Herrn, der eigentlich Franz von Assisi hieß und um 1181 in Umbrien geboren wurde, sind wir bereits begegnet. Er hat den Franziskanerorden gegründet. Die Barfüßerstraße in Limburg ist nach den Mönchen, die in strenger Armut lebten, benannt. Bekannt ist Franz von Assisi auch dafür, dass er die Schöpfung liebte und lobte und sogar den Vögeln predigte. Das wird ein Grund dafür sein, warum die Blumenröder hier, auf dem vogelreichen Feld, den Bildstock errichtet haben.

Franziskus predigt den Vögeln

Der Sonnengesang ist sicherlich das bekannteste Gebet des heiligen Franziskus. Es ist eine Hymne auf die von Gott ins Leben gerufene Schöpfung. Es ist heute noch spannend, seine Worte zu hören. Hier eine Erzählung aus der Legende des Heiligen: Auf seinem Wege durch ein Tal kam Franziskus auch zu einem Ort, wo sich viele Vögel versammelt hatten. Er lief zu ihnen, bat sie, Gottes Wort anzuhören und sagte: »Meine Brüder Vögel, wie müsst ihr euren Schöpfer loben, der euch Federn als Gewand, Fittiche zum Fliegen und alles gegeben hat, was ihr braucht. Wie hat er euch unter allen Geschöpfen erhöht und in der reinen Luft euch den Lebensbereich geschaffen! Weder sät noch erntet ihr und doch schützt er euch und lenkt euch, ohne dass ihr euch um etwas zu kümmern braucht.«

Auch unser nächstes Ziel hat ganz viel mit Vögeln zu tun. Wir überschreiten jetzt einen breiten Fahrweg und marschieren auf dem anschließenden Graspfad weiter. Rechter Hand begleiten uns eingezäunte Gartengrundstücke und am Ende des Weges stoßen wir auf die **Zucht- und Parkanlage** des Rassegeflügelvereins Linter.

Auf seine eigene Weise ist dieser Mini-Tierpark ein Kleinod. Der Park ist frei zugänglich und eine großartige Gemeinschaftsleistung des 1930 gegründeten Vereins. Heute gibt es 134 Mitglieder, darunter aktive Züchterinnen, Züchter und etliche Helfer. Hier ist alles an Geflügel und Vögeln versammelt, was man sich nur denken kann – und es wird viel für die Artenerhaltung getan. Etwa 40 Prozent der Tiere, die hier leben, stehen auf der roten Liste. Goldfasane, Gänse,

Auch einen Spielplatz und eine Grillhütte gibt es.

Warzenenten, Kanarienvögel, Zebrafinken, Strauße, Truthähne und Papageien besiedeln die Volieren.

Es gibt Deutsche Reichshühner und die selten gewordenen Dominikaner, Deutsche Sperber, Lachshühner und die französische Rasse Marans. Ziegen, Hirschkühe und Schäfchen entzücken die Augen der großen und kleinen Besucher. Füttern ist dank des Futterautomaten möglich. Die Wildtiere leben unter anderem auf einer großen Weide, auf der auch der Limburger Dom nachgebaut wurde, sozusagen also in Mini-Limburg. Wilfried Kraft hat das Kunstwerk geschaffen.

Im Park gibt es einen schönen Spielplatz, etliche Spazierwege und eine Wiese mit Picknickmöglichkeit. Nicht nur die Züchter, auch etliche andere Vereinsmitglieder sorgen hier aus Freude an der Natur für die kleine Tierstadt auf 22.000 Quadratmetern.

Nach dem Besuch des Parks winkt noch ein zweites Abenteuer all denen, die noch nicht müde sind, oder denen, die den Spaziergang ein zweites Mal machen möchten und diesmal den **Sport- und Freizeitpark Linter** besuchen möchten. Sie halten sich am Ausgang der

Dank der Futterautomaten können die Tiere auch gefüttert werden.

Zuchtanlage links und biegen gleich wieder rechts ab. An der Firma Reusch vorbei führt der Weg in die Grabenstraße, die auf der Hauptstraße endet und dann links bis zum Kreisel Richtung Limburg führt. Links, beim **Linterer Weiher**, lockt der Sport- und Freizeitpark Linter. Auch hier langweilt sich niemand. Sport und Spiel sind so ausgelegt, dass jeder mithalten kann, egal ob alt oder jung, schlank oder rund, sportlich oder eher bequem.

Die verschiedenen Spielmöglichkeiten geben jedem die Chance, echte Erfolgserlebnisse zu verbuchen. So kommt es schon mal vor, dass neben fünf ehrgeizigen jungen Mini-Golfern Opa und Oma mit den Enkeln um die Wette shuffeln, dass ältere Semester die besseren Bälle schlagen und auch mollige Sportler den Tennisball erfolgreich bewegen. Für Spannung und Spaß unter dem Titel »Finde den Piratenschatz« sorgt die 18-Loch Adventure-Golfanlage. Die Kunstrasen-Tennisplätze und die Sommerstockschießbahnen, die Funball-Courts und Boule-Bahnen, Shuffleboard-Bahnen, Cornhole, Mini-Soccer und seit kurzem auch Fußball-Billard und der 4-Gewinnt-Basket bieten die Chance, dass jeder das Richtige findet.

Im gepflegten Freizeitpark muss der Piratenschatz gefunden werden.

Shuffleboard ist in den letzten Jahren zu einer beliebten Freizeitaktivität geworden.

Auch Sub-Soccer (Fußball im Sitzen unter dem Tisch) und die »Mind-Games« (Cool: Drei Kopfspiele in XXL) lassen den Ehrgeiz erwachen. Besonders schön ist die familiäre Atmosphäre auf dem Platz, die sich bis zur Pizzeria »Al Golfo« durchzieht. Eine reizende Außenterrasse, eine große Auswahl an Speisen und Getränken sowie Umkleidekabinen und Duschen machen den Aufenthalt angenehm. Auch Turniere finden hier statt.

SPORT- UND FREIZEITPARK LINTER
Am Weiher 3
65550 Limburg- Linter
Tel.: 06431-7799825.
Öffnungszeiten: Dienstag bis Freitag: 13-22.30 Uhr
Samstag, Sonntag sowie Feiertage: 11-22.30 Uhr
www.sportparklinter.de

Und? Ein toller Tag, oder? Wer zu müde ist, zurückzulaufen, findet vor dem Freizeitpark die Haltestelle Kreissporthalle. Die Stadtlinie 4 bringt alle Spaziergänger zurück zum Bahnhof. Es fahren aber auch Busse zurück in die Robert-Koch-Straße.

Forellenteichanlage für Angler

Übrigens kommen, gleich nebenan, in der Forellenteichanlage im Freizeitpark auch Angler auf ihre Kosten. Die Teiche werden saisonal regelmäßig vor allem mit rotfleischigen Lachsforellen bis 25 Pfund, Welsen, Karpfen, Hechten und Stören besetzt. Geangelt werden kann zwischen Anfang April und Ende September täglich von 6 Uhr bis 17 Uhr. Im Winter ist die Anlage von 7 Uhr bis 16 Uhr geöffnet. Montags ist Ruhetag. Berechnet wird nach Angelzeit und eingesetzten Ruten. Nachtangeln ist ebenfalls möglich. Infos unter 06431-44626.

10 – Auf den Spuren des Lahnapostels

Tour 10: Auf den Spuren des Lahnapostels

Von der Schleuse zur Basilika

Heute treffen wir uns einmal hinter dem alten Brückenturm, also Richtung Brückenvorstadt, wie das Wohnviertel genannt wird. Hundehalter sind herzlich willkommen, denn unser Spaziergang ist etwas länger (hin und zurück knapp sechs Kilometer) und gut geeignet für Hundepfoten. Wir gehen den Talweg hin und den Höhenweg zurück. Direkt hinter dem Brückenturm liegt die sogenannte Schleuseninsel. Autofahrer können hier parken. Unser Ziel ist die ehemalige Stiftskirche St. Lubentius im Stadtteil Dietkirchen. Sie steht am Westufer der Lahn und war bis ins 13. Jahrhundert die bedeutendste Kirche des Lahngaus.

Dauer: ca. 140 Minuten
Strecke: 6,4 km
ÖPNV: Haltestelle Schleusenweg

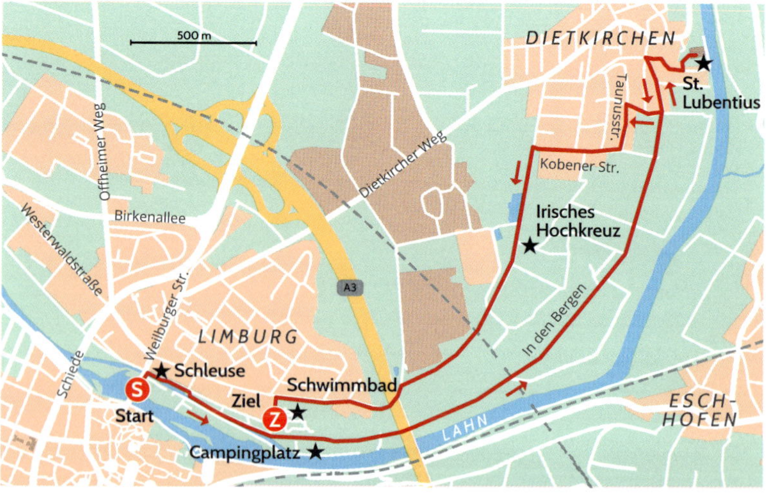

Die Limburger Schleuse entstand ab 1837.

Vor uns liegt die **Limburger Schleuse**, die ab 1837 im Zuge des Lahnausbaus entstand und erst 20 Jahre später fertig wurde. Für die künftige Staustufe musste am nördlichen Lahnufer ein Schleusenkanal angelegt werden. Er ist rund 750 Meter lang und im oberen Teil etwas über 5,50 Meter breit. Weiter unten wird der Kanal deutlich breiter. Die Schleuse selbst ist 34 Meter lang und 5,34 breit. Sie hat eine Fallhöhe von 3,61 Meter und steht unter Denkmalschutz.

Immer ein Erlebnis: die Fahrt durch die Schleuse.

Wir biegen hinter der Schleuse in den Schleusenweg ein und

Kleiner Leinpfad entlang der Lahn.

gehen ein Stück die Straße entlang. Der Schleusenweg Limburg wurde übrigens 2021 zur ersten Fahrradstraße in der Region freigegeben. Autos dürfen die Radfahrer auf dieser Straße nicht überholen. Über diese Strecke laufen nämlich gleich vier Radwege: der R7, R8, der Lahnradweg sowie der Radweg der Deutschen Einheit.

Nach ein paar Fußminuten zweigt ein kleiner Leinpfad von der Straße ab und führt uns entlang der Grünanlage direkt an den Fluss, der nur durch einen Zaun getrennt ist. Rechts bietet sich ein wunderbarer Blick auf den **Dom**. Ein Stück weiter begrüßt uns am Ufer der **Limburger Campingplatz**.

Er hat seit 2019 eine neue Pächterfamilie, die mit erheblichem Aufwand das Gelände und die Einrichtungen modernisiert hat. An jedem der insgesamt 138 Stellplätze für Wohnwagen wurden neue Stromanschlüsse gelegt. Das Ufer wurde bepflanzt, neue Laternen gibt es ebenfalls. Limburg-Urlauber, die komfortabler zelten wollen, können sich in kleinere und größere »Zelthäuser« einmieten.

Am Fluss ist auch das Schwimmbad.

Neben dem Empfangsgebäude für die Camper mit sanitären Anlagen gibt es auch ein Restaurant mit Biergarten und Lounge. Das gastronomische Angebot richtet sich an jeden, der Lust hat einzukehren. Von unserem Fußweg aus gibt es einen direkten Zugang.

Nicht nur für Zeltfreunde ideal liegt das **Limburger Schwimmbad** gegenüber des Campingplatzes, also auf der linken Seite unseres Wanderwegs. Das Bad ist besonders schön: Mit dem 50 Meter langen Wettkampfbecken, dem Sprungbereich sowie dem Erlebnisbecken, mit Babybecken und großer Rutsche kommt jeder auf seine Kosten. Auch die großen Liegewiesen mit altem Baumbestand und praktischen Terrassentreppen sorgen für Wohlfühlambiente im Parkbad. Ein bisschen Luxus winkt auch: Die Schwimmer haben sogar Domblick. Dem Bademeister zur Seite stehen in der Saison immer ein bis zwei Rettungsschwimmer. Das Schwimmbad ist, je nach Wetter, meist von Mai bis Ende September geöffnet.

Der Weg führt durch die Autobahnbrücke.

INFOS UNTER
Parkbad Limburg
Am Haustein
65549 Limburg a. d. Lahn
Tel.: 06431-2880609
Öffnungszeiten
täglich 8-20 Uhr, wetterbedingt 18.30 Uhr oder 21 Uhr

Zwischen Schwimmbad und Campingplatz führt unser Weg weiter ins Grüne. Gleich zwei Brücken überspannen hier den Fluss. Zuerst die neue **Autobahnbrücke** (siehe auch Kapitel »Alle Wege führen zum Dom«), anschließend die **Lahntalbrücke** für den ICE. Die 438 Meter lange Eisenbahnüberführung der Schnellfahrstrecke Köln–Rhein/Main ist zweigleisig und die einzige Bogenbrücke der Strecke.

Gemächlich geht es weiter mit einem schönen Blick übers Land. Nach einer Weile sehen wir die Kirchturmspitze von **Eschhofen** rechts, Dächer, Häuser, Gärten und Felder. Dann kommen wir nach **Dietkirchen**. Vom Felsen lacht das zweite stolze und berühmte Gotteshaus auf diesem Spaziergang auf uns hinunter. **St. Lubentius** ist noch wesentlich älter als der Limburger Dom. Von hier aus soll der Lahngau christianisiert worden sein. Bekannt ist jedenfalls, dass auf dem Kalkfelsen bei Dietkirchen einst ein heidnischer Kultort gewesen ist. Zudem gab es Gerichtsstätten an der frischen Luft. An diese Stellen wurden meist Lindenbäume gepflanzt, »damit das Volk unbeschwert sei von Regen und Sonne«, erzählte Johann Ludwig Corden (1781–1802) in seinem Buch über Limburg. Zu solch einem Lindengericht in Dietkirchen soll auch einmal der heilige Lubentius gekommen sein, um den christlichen Glauben zu verkünden.

Lubentius wuchs bei St. Martin auf

Der heilige Lubentius, der im 4. Jahrhundert geboren wurde, und noch als Säugling zu seinem Ziehvater kam, wuchs in der Obhut eines berühmten Heiligen auf. St. Martin, ja, genau der mit dem Mantel, war zu jener Zeit Bischof von Tours, und erzog den Jungen im Sinne des christlichen Glaubens. Schließlich vertraute Martin seinen Zögling dem Trierer Bischof Maximinan an, damit dieser ihn in den geistigen Wissenschaften unterrichte. Anschließend wurde der junge Mann zum Priester geweiht und als Seelsorger nach Kobern an die Untermosel geschickt. Nach dem Tod von Maximinan bekam Lubentius den Auftrag, den Verstorbenen nach Trier zu überführen.

Der Bischof war in Aquitanien, im Südwesten Frankreichs, gestorben und als Lubentius dort eintraf, konnte ihm niemand sagen, wo man den Toten bestattet hatte. Schließlich erschien ein Engel und wies Lubentius den Weg zur

Vor uns taucht die stolze Basilika auf.

Das Kopfreliquiar des heiligen Lubentius von 1477 ist im Nordturm.

Ruhestätte Maximinans. Nachdem dieser Auftrag erfüllt war, kehrte Lubentius zurück nach Kobern. Etwa um das Jahr 350 starb er. Eine Bestattung war nicht möglich. Der Sarg mit dem Leichnam ließ sich nicht von der Stelle bewegen. Das klappte erst, als man entschieden hatte, dass ein Gottesurteil über das weitere Schicksal des Toten entscheiden sollte. Und siehe da: Der Sarg ließ sich in ein unbemanntes Boot stellen. Das trieb über Mosel und Lahn bis zu einem Felsen, auf dem sich ein Bethaus, genannt Dietkirchen, befand. Hier blieb das Boot stehen. Der Heilige hatte sich seine letzte Ruhestätte selbst ausgesucht. Genau an dieser Grabstelle wurde die St. Lubentius-Basilika errichtet und der Heilige wird seitdem als der Lahnapostel verehrt.

Linker Hand taucht der Friedhof auf. Wir gehen noch ein kleines Stück geradeaus, bis wir an eine Kreuzung kommen und biegen in die Lahnstraße nach rechts ein. Die erste kleine Gasse links führt uns Richtung Basilika, nur die kleine Treppe rechts muss noch erstiegen werden.

Schon der Haupteingang ist ein erhebender Anblick.

838 wurde die Kirche eingeweiht, damit sie die Gebeine des Lubentius aufnehmen konnte. Es wird aber vermutet, dass die erste Steinkirche bereits um 730 entstand. Dietkirchen wurde wegen seiner kirchenpolitischen Bedeutung um das Jahr 1000 Sitz des Archidiakonats für das rechtsrheinische Trierer Bistumsgebiet. Der Archidiakon wurde am Ende des 11. Jahrhunderts zugleich Stiftspropst. Archidiakonat und Stift sorgten für zahlreiche Umbauten und

Im Karner sind heute noch Schädel und Gebeine gestapelt.

Erweiterungen der Kirche über mehrere Jahrhunderte. Am Ende stand die heutige dreischiffige Emporenbasilika mit fünf Jochen einem Querhaus, Chorapsis und westlicher Doppelturmfront da.

Erbaut wurden im Südosten außerdem die **Dreifaltigkeitskapelle** und im Nordwesten die **Michaelskapelle**. Darunter liegt ein Knochenkeller, in dem seit etwa 1000 nach Christus Gebeine von Verstorbenen gesammelt und aufbewahrt wurden. Es war früher üblich, bei Neunutzung der Gräber, die Knochen der vorher bestatteten Toten in diesen Gebeinhäusern, auch Karner genannt, weiterhin aufzubewahren.

Aufgrund der Knochenuntersuchungen konnte man beispielsweise die Durchschnittsgröße von Männern und Frauen im jeweiligen Zeitraum feststellen. Die Schädel und Knochen wurden nach den Untersuchungen wieder fein säuberlich aufgestapelt. Das ist beeindruckend und gruselig zugleich. Führungen finden auf Anfrage durch Gemeindemitglieder in der Kirche statt. Bitte wenden Sie sich an das Pfarrbüro St. Lubentius unter der Telefonnr.: 06431-71498.

Um 1802 fiel das Stift an das Fürstentum Oranien-Nassau. Dieses hob die Stift-Gemeinschaft und ebenso weitere Klöster auf. Im

Die Basilika innen.

Ein großes Ereignis: Mutter Teresa war zu Gast in der Basilika.

Verlauf der Säkularisation gingen leider zahlreiche kostbare Messgegenstände verloren, darunter zahlreiche Altargegenstände und Gewänder. Seitdem wird die Stiftskirche als Pfarrkirche der katholischen Gemeinde in Dietkirchen genutzt.

1893 wurde die heutige Orgel installiert. Am 30. November 1980 erhielt die Kirche eine Glocke, die Papst Johannes Paul II. während einer Deutschlandreise weihte. Seither heißt sie Papstglocke. Sie ist im höheren der beiden Türme zu finden. Gestiftet wurde die Glocke von einem gebürtigen Dietkirchener, der erfolgreich Pilgerreisen nach Rom organisierte, Dr. hc. Hans-Albert Courtial.

Und noch einen berühmten Gast hat die Kirche in diesem Jahrhundert gesehen: Während ihrer Europareise stattete Mutter Teresa St. Lubentius am 18. Juli 1985 einen Besuch ab, um am Grab des Heiligen zu beten. Die Bank, auf der sie saß, ist gekennzeichnet.

Ein gutes Tröpfchen gibt es hier ebenfalls: Seit 1998 wird am Südhang des Lahnfelsens zwischen den Grundmauern der ehemaligen Stiftsgebäude Wein angebaut. Die Ernte liegt etwa bei 400

Das irische Hochkreuz steht auf der Kriegsgräberstätte.

bis 500 Kilogramm Trauben, das gibt rund 400 bis 500 Flaschen im Jahr. Die Sorte heißt Regent. Die Trauben werden vor allem zu Messwein verarbeitet und nur zu besonderen Anlässen unter der Bezeichnung »Dietkirchener Lubentius-Ley« ausgeschenkt. Bischof Franz Kamphaus hat den Weinberg 1999 eingesegnet. Er erlaubte den Dietkirchenern auch, den Wein als Messwein zu nutzen – üblicherweise wird dafür nur Weißwein verwendet. Den Lubentius-Ley kann man nicht kaufen, sondern ausschließlich verdienen. Zum Beispiel durch ehrenamtliche Mitarbeit.

Nach ausgiebiger Kirchenbesichtigung machen wir uns an den Rückweg, diesmal nehmen wir statt des Talwegs den ebenso reizvollen Höhenweg. Dazu gehen wir zurück zum Friedhof und biegen direkt davor in die Poststraße ein. Von dort geht es nach Nordwesten Richtung Taunusstraße und nach 180 Metern rechts in die Koberner Straße und dann entlang des **Sportplatzes**, bis wir ganz oben sind und auf dem kleinen Wanderweg stehen. Hier halten wir uns links und kommen einige Minuten später an der **Kriegsgräberstätte** auf der Dietkirchener Höhe vorbei, die als kleiner Park angelegt ist. Der Blick wird gefangen durch das drei Meter hohe und 1,60 Meter breite irische **Hochkreuz**, das Pfingsten 1917 aufgestellt wurde. Es ist

Auf dem Rückweg genießen wir nochmal den tollen Blick auf den Limburger Dom.

vermutlich das größte in Europa stehende irische Hochkreuz jenseits der Grünen Insel. Es erinnert an die Soldaten, die während ihrer Kriegsgefangenschaft im benachbarten Lager verstarben und zunächst in Dietkirchen beigesetzt wurden. Damals lebten bis zu 12.000 Gefangene im Lager.

Nach diesem kleinen Abstecher geht es zurück auf den Höhenweg, der uns mit seinem atemberaubenden Blick ins Tal und auf die ICE-Brücke zurück nach Limburg führt. Wir laufen bergab, am Schwimmbad entlang um die Ecke und kommen so wieder auf den kleinen Leinweg an der Lahn, der uns geradewegs zur Schleuse zurück führt.

11 – »Schaufensterbummel«: Über den Bunker ins Sterne-Restaurant

»Schaufensterbummel«: Über den Bunker ins Sterne-Restaurant

Über 70 Geschäfte und Dienstleister sind im Industriedenkmal zu Hause

Heute machen wir eher einen »Schaufensterbummel« als einen Spaziergang. Aber auch der ist etwas Besonderes. Wir treffen uns auf dem Bahnhofsvorplatz und werfen zunächst einen kurzen Blick in das Geschichtsbuch. Den Stadtteilbrunnen kennen wir ja schon vom Brunnenspaziergang. Die Eröffnung des Brunnens, am 30. August 1985, fiel mit der Einweihung des neuen Bahnhofsplatzes zusammen.

Dauer: ca. 25 Minuten
Strecke: 1 km
ÖPNV: Zentraler Omnibusbahnhof Nord/Süd/West

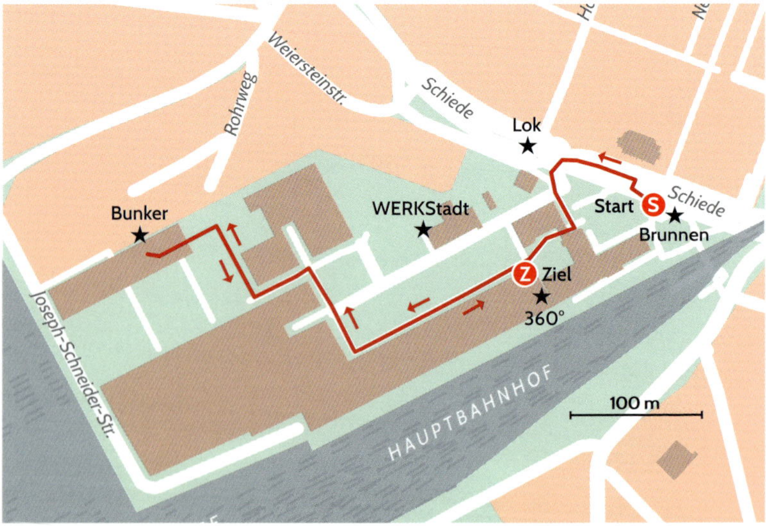

Die schwarze Lokomotive stammt aus dem Jahr 1932.

Die schwarze Lokomotive, die seit 2009 den Platz ziert und die Bezeichnung Ks 4071 trägt (Kleinlok mit Speicher) stammt aus dem Jahr 1932. Auf dem **Bahnhofsvorplatz** ist auch der zentrale städtische **Omnibusbahnhof**, der sich bis in die Graupfortstraße zieht und ebenso auf die Seite jenseits der Gleise. Für alle, die ohne eigenes Auto flexibel sein wollen, gibt es in Limburg seit Ende 2021 zusätzlich eine Haltestelle für den digitalen und elektromobilen On-Demand-Shuttle LahnStar – für Ziele auch außerhalb des Stadtkerns. Wer den klimafreundlichen öffentlichen Nahverkehr nutzen möchte, findet alle wichtigen Infos unter www.lahnstar.de.

Würden wir rund 160 Jahre früher leben, könnten wir, wenn wir uns jetzt umdrehen, ein schmuckes historisches Empfangsgebäude am Bahnhof bewundern. Das Bahnhofsgebäude war im Rundbogenstil errichtet und innen teilweise mit Lahnmarmor verkleidet. Mit dem Ausbau der Lahntalbahn begann eine neue Zeit. Alle wollten im Juni 1862 dabei sein, als der erste Zug einfuhr. Leider wurde das Gebäude beim Bombenangriff im September 1944 zerstört und nur für den Gebrauch, nicht für die Optik, instand gesetzt. In den

Einst Posthof, heute Haupteingang.

1950er Jahren wurde der Bahnhof leider abgerissen. Der Neubau schmückt die Stadt nicht unbedingt, tut aber seit September 1961 treu seine Dienste. Auch nachdem am 1. August 2002 der ICE-Bahnhof im Süden der Stadt eingeweiht wurde.

Der Limburger Bahnhof in der Innenstadt hat heute drei Bahnsteige, einen Hausbahnsteig (direkt vor dem Empfangsgebäude des Bahnhofs) und zwei Mittelbahnsteige. Gleich neben dem Bahnhof war ein **Ausbesserungswerk** der Deutschen Bahn. Und da gehen wir jetzt hin.

Der Haupteingang ist direkt neben dem Stadtbahnhof, im **ehemaligen Posthof**. Wo seit dem Jahr 1862 zeitweise rund 2.000 Menschen Schienenfahrzeuge reparierten, warteten oder modernisierten, wo geschweißt, gehämmert und geschraubt wurde, gab es eine Lokomotivhalle, eine Schmiede und eine Sattlerei, außerdem eine Halle für die Personenwagen und die Güterwagen, eine Schreinerei und eine Raddreherei. 2003 war aber Schluss damit. Das Ausbesserungswerk, bis dato der größte Arbeitgeber in der Region, schloss seine Pforten. Die zweite Erfolgsstory des insgesamt 75.000 Quadrat-

So sah das ehemalige Ausbesserungswerk 1920 aus.

meter großen Bahnwerks begann im Jahr 2007 mit einem mutigen Entschluss: Der Dehrner Investor Marcel Kremer kaufte im Sommer 2007 das »Filetstück« am Rande der Innenstadt und machte, nach sorgfältiger Planung mit dem Limburger Architekt André Kramm, aus dem Industriegebäude eine attraktive Markthalle.

»Reparieren statt erneuern, bewahren statt vernichten«, war die Philosophie des Investors und so wurde nach weniger als einjähriger Bauzeit am 26. August 2009 ein **Einkaufs- und Erlebnis-Center** eröffnet. Wo immer es ging, wurde die Bausubstanz erhalten und in die zeitgemäße, moderne Geschäftswelt integriert. Das ehemalige Ausbesserungswerk sollte nicht nur ein neuer Treffpunkt sein, sondern gleichzeitig ein Industriedenkmal.

Wo so viel Leben ist, dürfen Touristenbetreuung und Mobilitätsangebote nicht fehlen. Die ehemaligen Räumlichkeiten der »Bahnmeisterei«, direkt am Eingang des Geländes rechts, wurden ebenfalls komplett saniert. Das Ordnungsamt, die Ticketzentra-

Der Drucklastständer wurde zum Schauobjekt gestaltet.

le und die Mobilitätszentrale sind hier zu finden, außerdem die Polizei.

Jetzt stehen wir im Innenhof, der mit der Fertigstellung des dritten und letzten Bauabschnitts 2015 neu gestaltet wurde. Im Sommer sitzen die Gäste der beiden Gastronomen im Eingangsbereich mit Vorliebe draußen unter den Olivenbäumen. Im Winter ist hier ein kleiner Weihnachtsmarkt, der mit dem Limburger Christkindlmarkt beginnt und endet. Zudem kommen in dieser Zeit gerade auch junge Leute gerne zum Eisstockschießen auf den zwei Bahnen. Der Eingang besteht aus einem neu gebauten Querportal. Darunter sind eine eingeschossige Tiefgarage für 120 Stellplätze und eine Fahrradgarage entstanden. Insgesamt gibt es aber rund 900 Pkw-Stellplätze.

Wir schlendern jetzt einfach mal durch die Markthallen und machen einen »Schaufensterbummel« durch die rund 26.000 Quadratmeter der ehemaligen Richthalle. Über 70 Geschäfte, Gastronomen und Dienstleister sind heute in der gründerzeitlichen Industriearchitektur zu finden. Im ersten Stock sind Büros und Praxen eingezogen. Unten sind Läden, schön, dass alles barrierefrei erreichbar ist. Hier

Viele Events und Ausstellungen laufen hier übers Jahr.

gibt es alles, von der Mode für die ganze Familie über Dekoartikel, Bioprodukte, Lebensmittel, Drogeriewaren, Schreibwaren, Spielsachen, Elektroartikel, Sportkleidung, Orthopädiebedarf, Kunst und Kitsch und vieles mehr. In der Mitte der Halle erinnern die Schienen und der ehemalige Drucklastständer, den Künstler Rainer Wengenroth zum Kunstobjekt umgestaltet hat, noch an die vergangenen Zeiten. Seine Frau, Ute Wengenroth, ist übrigens die Namensgeberin der **WERKStadt**. Die Jury wählte beim Wettbewerb aus insgesamt 688 Namensvorschlägen aus und entschied sich für ihren Vorschlag, »da er in idealer Weise die Verbindung von Tradition und Innovation, von Geschichte und Gegenwart ausdrückt«.

Von Anfang an fanden hier etliche Messen, Ausstellungen und andere Aktivitäten statt. Zum Beispiel die Limburger Weinmesse des Rotary Clubs Limburg (Termin immer am ersten Sonntag nach Aschermittwoch), die WERKStadt-Gesundheitstage, Ostermarkt und Herbstmarkt, Ferien-Basteln und Kinderkino, die WERKStadt Open (Schachturnier), der Tag der Landwirtschaft, Playmobil-Ausstellungen und vieles mehr.

Breite bequeme Wege und Massagestühle erwarten die Besucher.

Die Kernöffnungszeiten sind gewöhnlich montags bis samstags von 10–19 Uhr. Zu den Serviceleistungen gehören Geldautomat, Toiletten, Spielbereiche, aber auch Rückzugflächen, Massagestühle, der Info-Point, Parken bei Einkauf in den ersten 90 Minuten kostenlos und die Ladestationen für Elektro-Mobilität (in der Parkhalle auf dem Parkplatz Josef-Schneider-Straße). Angenehm sind auch die kurzen Wege in die City und zur Altstadt. Das schafft eine Einheit.

Die WERKStadt hat heute drei Eingänge. Neben dem Haupteingang, durch den wir gekommen sind, gibt es einen Nebeneingang am Bahnhofsplatz 2 und einen dritten zur Einfahrt Josef-Schneider-Straße.

Wenn wir uns links halten, kommen wir zu diesem Eingang. Auf dem großen Parkgelände steht seitlich noch ein weiteres Zeugnis aus der Zeit, als hier noch das Ausbesserungswerk in Gang war. Ein sogenannter **Winkelturm**, also ein Luftschutzbunker, benannt nach seinem Konstrukteur Leo Winkel. Dieser Hochbunker, auch Spitzbunker oder Zuckerhut, wie er wegen seiner Form genannt wird, wurde im Zweiten Weltkrieg 1941 zum Schutz der Mitarbeiter vor den Luftangriffen der Alliierten errichtet und zwar auf einem Bett aus Eisenspänen, um Erschütterungen zu mildern. Leider war das Ausbesserungswerk, das zunächst Limburger Zentralwerkstätte hieß, oft das Ziel von Luftangriffen. Viele Menschen kamen dabei ums Leben.

Der Bunker steht mittlerweile unter Denkmalschutz. Viele Elemente der seinerzeitigen Ausstattung sind allerdings noch vorhanden. Zum Beispiel die Holzbänke, auf denen die Schutzsuchenden saßen.

Wer mittlerweile Hunger bekommen hat, kann sich hier auf ganz besondere kulinarische Genüsse freuen. Eigentlich ist reservieren angesagt, aber wir versuchen mal unser Glück spontan. Zurückgekehrt in den Eingangsbereich im ehemaligen Posthof geht es in den **Turm** (die Eingangstür ist außen), genauer gesagt in den Lift. Im vierten und letzten Stock steigen wir aus. Hier oben ist Limburgs Sternerestaurant **»360 Grad«**. Die ganzen Trophäen, die Alexander Hohlwein inzwischen erkocht hat – 1 Stern Guide Michelin, 17 Hauben Gault Millau, 8 Pfannen Gusto, 3 FFF DER FEINSCHMECKER, 3+ Kochlöffel ARAL Schlemmeratlas und so weiter und so fort – aufzuzählen, wäre viel zu langweilig. Spannender ist es, den großen, lichtdurchfluteten Gastraum mit der riesigen Terrasse und dem 360-Grad-Ausblick einmal zu betreten.

Früher beschützte der Winkelturm die Werks-Mitarbeiter.

Hier gibt es gleich zwei schöne Aussichten: den Blick über die Dächer der Stadt – und den Blick in die Küche. Dort zaubern Alexander Hohlwein und seine Köche Tag für Tag am Herd. Im Moment steht der Gastgeber und Küchenchef neben seinem Chef de Partie und taucht grüne Äpfel in eine Flüssigkeit. Welche Flüssigkeit? Ein verdutzter zweiter Blick und eine Frage an Rebekka Weickert, Sommelière, bessere Hälfte von Alexander Hohlwein und gute Fee im Service, schaffen schnell Aufklärung. Es sind gar keine Äpfel, die hier liegen, sondern ein angefrorenes Joghurt-Mousse, im Kern gefüllt mit einem Apfelragout, umhüllt von Schokolade. Die Wirkung ist verblüffend, der Geschmack auch – und damit wären wir bei den Punkten, die den Koch zum Spitzen- oder eben Sterne-

Sternekoch Alexander Hohlwein und Sommelière Rebekka Weickert.

koch machen. Zum einen geht es um die hochwertige Qualität der Rohstoffe und Produkte. »Aus Mist kann man kein Gold machen«, sagt Alexander Hohlwein, der bei Markus Nagy in Pfinztal, Chris Rainer in Königstein und Kevin Fehling in Hamburg gelernt und gekocht hat. Überhaupt legt er viel Wert auf gesunde Lebensmittel. »Wir können in dieser Welt wenig beeinflussen«, meint er, »aber auf alle Fälle können wir steuern, was wir jeden Tag unserem Körper zuführen!«

Ein zweiter, ebenso wichtiger Punkt ist die Kreativität. Spitzenköche servieren Gerichte, die weit über den Durchschnitt hinausgehen. »Meine Gerichte entstehen zuerst im Kopf – und dann auf dem Teller«, beschreibt der Familienvater sein Vorgehen. »Alles, was wir hier servieren, sind eigene Entwicklungen. Oft dauert es eine geraume Zeit, bis genau das herauskommt, was wir uns vorgestellt haben«, erzählt er weiter. Der grüne Apfel mit seinem Schokoladen-Stiel ist ein wunderbares Beispiel dafür. Oder die Strandlandschaft, die es einmal im Sommer als Nachtisch gab. Da winkten der Seestern aus Zitronengras-Mousse, die Liegen aus Melone und der Ball (Passionsfrucht und Kaffee-Limette) rollte durch den Kokoscrumble-Sand. Mmmhhh – Urlaubsträume beim Dessert am Mittag!

Natürlich sind Spitzenköche auch immer auf der Jagd nach unbekannteren Produkten, oft auch aus anderen Ländern. »Die Mischung macht's! Wir bieten unseren Gästen eine weltoffene Aromenküche, dafür (und nicht nur für den Ausblick) steht auch der Name unseres Restaurants – 360 Grad«, so beschreibt der gebürti-

Das Restaurant 360 Grad gewährt den Blick in die Küche.

ge Limburger seine Philosophie. Und wer einen Blick in die Speisenkarte wirft, findet dort gleich eine Bestätigung dafür. Das kleine Menü heißt nämlich »Entdeckungsreise«, das große »Weltreise«.

Über ihre Nennungen, Auszeichnungen, Punkte, und den Michelin-Stern freuen sich die Inhaber, die ihr Restaurant im März 2016 eröffnet haben, natürlich sehr. Aber Alexander Hohlwein bleibt bei allem Spaß am Lob der Kritiker immer bodenständig: »Eigentlich kochen wir nicht für die Restaurantführer, sondern für Gäste. Und auf die freuen wir uns jeden Tag!« Deshalb bietet das Limburger Familienunternehmen auch ein Preis-Leistungsverhältnis im unteren Drittel aller Sternerestaurants in Deutschland. Damit man nicht nur einmal im Jahr zum Sternekoch gehen kann, sondern sich kennenlernt und auch einmal ein paar Takte miteinander spricht. Sein Interesse an guten Lebensmitteln und die Freude am Kochen verdankt der Sternekoch übrigens seiner Großmutter Margarethe Miella und seiner Mutter Angelika Hohlwein. Beide waren beste Lehrmeisterinnen – und das ganz ohne Sterne! Neben den normalen Tischen gibt es seit einiger Zeit auch die Gardenlounge »The Cube«, wo einfach ein Feierabendbier getrunken werden oder eine Kleinigkeit aus der Soulfoodkarte gegessen werden kann.

12 – Stadt mit City

Summer Beach

Stadt mit City

Vom Gefängnis zur Marienschule

Rund 30 Jahre ist es her, dass der »CityRing«, also die Limburger Werbegemeinschaft, für ihr Marketing für die Innenstadt den passenden Namen suchte. Die Wahl fiel damals auf den Vorschlag von Boris Pillmann, der den Slogan »Stadt mit City« vorschlug. Unser heutiger Spaziergang soll uns genau durch diese City führen – vor allem durch die Fußgängerzone, also das Gebiet zwischen Altstadt und WERKStadt. Wir beginnen unseren Weg an ungewöhnlicher Stelle, am Ende der Walderdorffstraße und zwar direkt vor dem Gefängnis. Geparkt wird in der Ste.-Foy-Straße auf dem Marktplatz neben der EVL. Auf diesem Marktplatz finden übrigens keine Märkte statt, sondern Frühlings- und Oktoberfeste, Messen und Zirkusvorstellungen.

Dauer: ca. 25 Minuten
Strecke: 1,6 km
ÖPNV: Haltestelle Saint-Foy-Straße, Rückfahrt Zentraler Omnibusbahnhof

Das schöne Landgericht, die weiße Mauer rechts gehört zum Gefängnis.

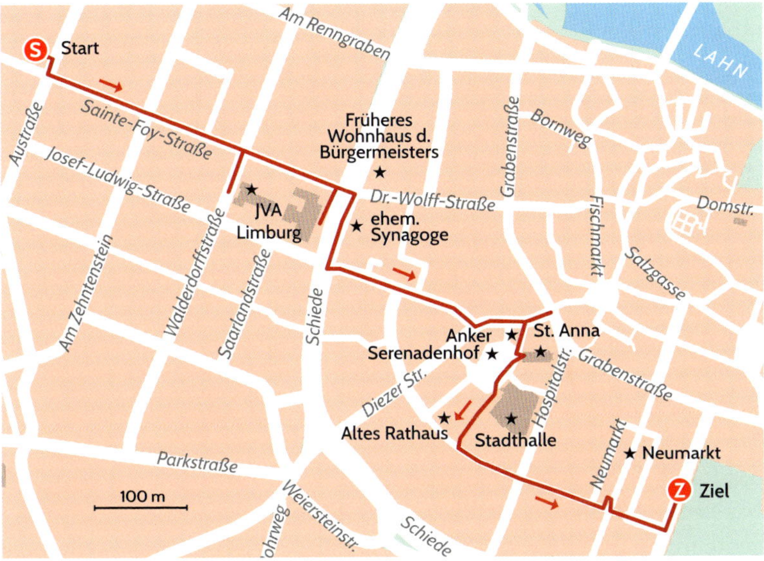

Von der Saint-Foy-Straße aus geht es schnurgerade Richtung Innenstadt. Nach etwa fünf Fußminuten erreichen wir das **Gefängnis**. Die hohen glatten Mauern und der spiralförmig gedrehte Stacheldraht an der Ecke zur Walderdorffstraße verraten gleich den Sinn und Zweck des Baus. Das dreigeschossige Gefängnis in T-Form wurde 1880 gebaut. Die Justizvollzugsanstalt (JVA) bildet mit einem Übergang sozusagen den Rücken des Amts- und Landgerichtsgebäudes. Bis 1961 verbüßten auch Frauen hier kurze Haftstrafen.

Als Gerichtsgefängnis diente das Haus bis 1970 dem Vollzug der Untersuchungshaft und der Vollstreckung kurzer Freiheitsstrafen der Männer. Seit 1. Januar 1971 ist die JVA mit ihren rund 60 Haftplätzen selbstständig. Es gibt »Einzelzimmer« und »Doppelzimmer«. Allerdings hat inzwischen jeder Häftling das Recht auf ein Einzelzimmer.

Limburg ist unter insgesamt neun JVAs die kleinste im Land Hessen. Die Gefangenen arbeiten in der Küche, Waschküche und den beiden Werkhallen, wo verpackt wird und leichte Montagearbeiten durchgeführt werden. Bevor wir in der Ste.-Foy-Straße weitergehen, schauen wir noch mal die Walderdorffstraße hoch. Das dürfte das bürokratischste Pflaster der Stadt sein. Hier finden sich die Industrie- und Handelskammer (IHK), das Finanzamt, die Steuerhilfe, das Amtsgericht und die Staatsanwaltschaft.

An der vorderen Fassade des Gebäudekomplexes angekommen, sehen wir das schöne **Landgericht** mit den Backsteinborten. 1867 gab es in der Domstadt zunächst am Neumarkt ein Kreisgericht, das später in die heutige Post zog (ab 1877 als Landgericht). 1882 siedelte die Justiz an den jetzigen Standort, Schiede 14, um. Das Landgericht Limburg sollte 1977 wegen geringer Bezirksgröße aufgelöst und dem Landgericht Gießen zugeschlagen werden. Sämtliche Juristen, Richter wie Anwälte und Staatsanwälte, mobilisierten damals ihre Kräfte und sammelten Unterschriften. Ihr Einsatz lohnte sich – das Landgericht blieb in Limburg.

Die Straße, auf der wir stehen und die wir jetzt an der Ampelanlage überqueren, heißt Schiede. Hier standen einst prächtige Kastanienbäume zu beiden Seiten. Die lange Allee war den Spaziergängern vorbehalten. Der Duft, der über der Straße lag, war allerdings weniger schön. Hier lief nämlich vor 1924 auch der Schiedebach. In dieses Bächlein wurden einfach Fäkalien abgeleitet. Den einen oder anderen Spaziergänger wird es ganz schön geschüttelt haben.

Nach der Verrohrung war dieser Bereich der Schiede die beste Bau- und Wohnlage von Limburg, bis der Umbau der Schiede 1968 als vierspuriger Hauptverbindungsweg durch die Stadt angelegt und 1975 der Schiedetunnel gebaut wurde. Auf der anderen Straßenseite angelangt, schauen wir nach links auf ein großes weißes Eckhaus am Eingang zur Dr. Wolff-Straße. Ein großzügiger Apotheker namens Dr. Jakob Wolff hatte das Haus einst der Stadt als Dienstwohnung für die Stadtherren vermacht. Hier wohnten also die Bürgermeister. In der Dr. Wolff-Straße steht heute das **Cineplex-Kino** mit seinen acht Kinosälen. Wir bleiben aber auf der Schiede und gehen Richtung Innenstadt.

Gegenüber dem Landgericht, am Haus Schiede 27, hängt eine **Gedenktafel**. Hier stand die Synagoge der Limburger Juden. Sie wurde 1903 festlich eingeweiht. In der Nacht vom 9. auf den 10.

November 1938 (Reichspogromnacht) wurde sie von Nationalsozialisten angezündet und, ebenso wie jüdische Geschäfte und andere Einrichtungen, zerstört. Die Reste der Synagoge wurden ein halbes Jahr später abgerissen.

Vor der Stadthalle liegt der Anker des U-Boot-Tenders Lahn.

In die nächste Straße, die Josef-Ludwig-Straße, biegen wir ein und halten uns an ihrem Ende links, bis zur nächsten Ampel. Die überqueren wir und gehen auf der Diezer Straße einfach wieder ein paar Meter zurück. Nach wenigen Minuten stehen wir am Eingang zum **Serenadenhof**. Zunächst gilt unser Augenmerk dem großen Anker rechts auf der Wiese. Er war Teil des ersten U-Boot-Tenders, den die Bundesmarine 1961 zu Wasser ließ. Der Tender trug den Namen »Lahn« und kreuzte über die Weltmeere. Natürlich war die Stadt stolz, dass das Limburg-Wappen das 99 Meter lange, etwa zwölf Meter breite und 35 Meter hohe Schiff schmückte. Mit dem 10.000 PS starken diesel-elektrischen Motor konnten 20 Knoten erreicht werden. Nach 2.300 Tagen auf See und 285.000 Seemeilen hatte der U-Boot-Tender ausgedient.

Nicht nur ein Schiff, auch Flugzeuge trugen und tragen den Namen Limburg in alle Welt. Die Lufthansa hat 2021 einen neuen Airbus Typ 320 als Nachfolger des ehemaligen City-Jets vom Typ Boeing 737 ebenfalls »Limburg« getauft.

Wir befinden uns jetzt aber wieder an Land und am Boden und gehen zur **Anna-Kirche**. Es ist das Jahr 1317. Der Wilhelmiten-Orden baut gerade vor der Stadtmauer von 1230 das Kloster mit

Die St. Annakirche auf dem Serenadenhof.

Die Anna selbdritt stammt aus dem 15 .Jahrhundert.

der malerischen Kirche, die der heiligen Anna geweiht ist. Die Kirche wurde rasch Wallfahrtsort und blieb es auch nach Auflösung des Ordens. 1573 übernahm der Hospitalfonds die Klostergebäude und das Limburger Hospital zog in die Räumlichkeiten. Dort war das Krankenhaus bis Mitte des 19. Jahrhunderts – heute ist es auf dem Schafsberg.

Leider fiel der Chor der Kirche 1945 einer Luftmine zum Opfer. Das mittlere Chorfenster von 1380 hatten schlaue Köpfe glücklicherweise rechtzeitig in Sicherheit gebracht. Es hängt heute wieder an Ort und Stelle. Auch die Heiligenfiguren von Maria und ihrer Mutter Anna aus dem 15. Jahrhundert gibt es noch. Die »Pieta« steht links von der Eingangstür. Am Altar sehen wir »Maria auf der Mondsichel«. Und die »Anna selbdritt« finden wir rechts vor der Sakristei.

Wir gehen jetzt an der **Limburger Stadthalle** vorbei, die Treppe hoch. Die Stadthalle Limburg ist seit vier Jahrzehnten eine feste Größe für Show und Kultur, Tagungen und Kongresse, für Galas und Events aller Art. Als kultureller und gesellschaftlicher Mittelpunkt der Region zwischen Westerwald und Taunus verfügt sie über ein Einzugsgebiet, in dem rund 250.000 Menschen leben. Anspruchsvolle Gastspielproduktionen und Eigenveranstaltungen haben die Hospitalstraße 4 längst zu einer renommierten Adresse werden lassen.

Gebaut wurde das Theater- und Konzerthaus 1974 an dem Platz, auf dem zuvor die Hospital- und die Wilhelmitenschule standen. 56 Firmen waren an dem Bau beteiligt, der 8.000 Kubikmeter Beton, 32.000 Quadratmeter Schalung und 860 Tonnen Stahl »schluckte«. Die Bauleute benötigten insgesamt 98.000 Arbeitsstunden. 75 Kilometer elektrische Leitungen wurden verlegt, 4.800 Meter messen die laufenden Rohre für Kalt- und Warmwasser. Die Bauleitung für dieses enorme Projekt hatte übrigens der damals erst 25-jährige Jung-Architekt Willi Hamm. Mit der Limburger Stadthalle wurde am 14. Januar 1977 das 940. Hessische Gemeindehaus und zugleich das 40. im Landkreis seiner Bestimmung übergeben. Stadthallen-Geschäftsführer Guido Lindeken sorgt seit etlichen Jahren mit hohem Engagement für Kultur, kontinuierliche Instandhaltung und Modernisierung.

Oben an der Treppe angelangt, sind wir auf dem **Europaplatz**. Rechts steht das alte **Rathaus**. Vor uns liegt Karstadt. Hier stand der Georgshof als Vorgänger der Stadthalle. An seinen Platz rückte das Warenhaus, das 1972 eröffnete und gemeinsam mit der Fußgängerzone eine neue Ära einläutete. Links von uns, und in die Richtung gehen wir jetzt auch, stand seit 1895 eine dritte Schule, nämlich die **Werner-Senger-Schule**. Die Limburger Volksbank (heute Volksbank Rhein-Lahn-Limburg eG) verlegte ihre Hauptgeschäfts-

Auf dem Neumarkt ist auch die Tageszeitung der Region, die Nassauische Neue Presse, zu Hause.

stelle 1970 von der Schiede hierhin, baute schließlich neu und bezog ihren neuen »Geldspeicher« im Juli 2007.

2014 wurde die Fußgängerzone neu gestaltet. Ver- und Entsorgungsleitungen wurden in der rund 160 Meter langen Zone gelegt, außerdem ein im Pflaster durchlaufendes rost-rotes Band, das die Verbindung zwischen den Bereichen WERKStadt, Innen- und Altstadt symbolisieren soll. Bänke, Blumenkübel, Beleuchtungen und ein Blindenleitsystem wurden integriert.

Rechts und links begleiten uns Geschäfte auf unserem Weg. Limburg hat das große Glück, neben zahlreichen Filialisten auch noch alteingesessene, individuelle und inhabergeführte Familienbetriebe vorweisen zu können. Vor allem natürlich in der Altstadt – aber auch in der City.

Links schließt sich nach Thalia der **Neumarkt** an. Er bestand um 1830 nur aus Wiesen und Feldern. Damals kaufte die Stadt die Grundstücke, um eine »neue Anlage« zu errichten. Heute ist der Neumarkt ein zentraler Platz der Stadt. Links unten, im **ehemaligen Hotel »Zur Post«**, ist die Nassauische Neue Presse, also die Tageszeitung der Region, seit Jahrzehnten zu Hause. Wer im Sommer hierherkommt, erlebt, wie der Platz unter einem immensen Sandberg verschwindet und sich für einige Tage in den Sommerstrand »Summer Games« verwandelt. Wochenmarkt ist mittwochs und samstags. Und wenn in Limburg der bekannte Flohmarkt stattfindet, sind auch der Neumarkt und die Fußgängerzone voller Stände und Menschen. Einen Blick wert ist das Haus Neumarkt 8, in dem heute die **Parfümerie Pierre** feine Düfte und Kosmetik verkauft. Hier war einst Limburgs Zuckerfabrik, dann nur vier Jahre lang die Elementarschule und schließlich, wie wir am Anfang des Kapitels schon erfahren haben, das Gericht. Wenn wir noch die letzten Meter der Fußgängerzone am Neumarkt vorbei weitergehen, stehen wir vor der **Marienschule**.

Die Marienschule war einst Klosterschule.

Die ehemalige Klosterschule des Domkapitulars Julius Eiffler wurde 1895 durch die Kongregation der Armen Dienstmägde Jesu Christi (ADJC) übernommen. Sie gehört heute der St. Hildegard-Schulgesellschaft und damit dem Bistum Limburg. Das Gymnasium war lange Zeit eine reine Mädchenschule. Seit 2011 werden auch Jungen hier unterrichtet (allerdings meist getrennt). Inzwischen sind Berufsfachschulen im pädagogischen und pflegerischen Bereich hinzugekommen. Hier in der Marienschule begegnen wir einer Dame, die mittlerweile heilig gesprochen wurde und die wir schon beim Domspaziergang getroffen haben: Katharina Kasper. Sie hat die Kongregation der Armen Dienstmägde, auch Dernbacher Schwestern genannt, ins Leben gerufen und gilt als Gründerin der Marienschule. Ihr guter Ruf ist auch über 120 Jahre nach ihrem Tod in der Welt zu hören. Vor allem in Limburg ist sie gegenwärtig – dank der großen Domglocke, die erst 2020 gestiftet wurde und ihren Namen trägt.

13 – Zu Fuß zu neuen Abenteuern

Zu Fuß zu neuen Abenteuern

Von der alten Lahnbrücke nach Staffel

Wer einen Teil von Limburgs Freizeitwelt erleben will, aber nicht nur mit dem Auto vorfahren, sondern den Besuch im LIMPARK mit einem Spaziergang oder einer kleinen Wanderung verbinden möchte, kann übers ganze Jahr vom Brückenturm in Limburg zum Ortsteil Staffel laufen. Wir beginnen wieder direkt hinter der alten Lahnbrücke, gehen dann aber nach links, genau entgegengesetzt, als auf unserem Spaziergang zur Lubentiuskirche in Dietkirchen.

Dauer: ca. 120 Minuten
Strecke: 4,4 km
ÖPNV: Haltestelle Schleusenweg

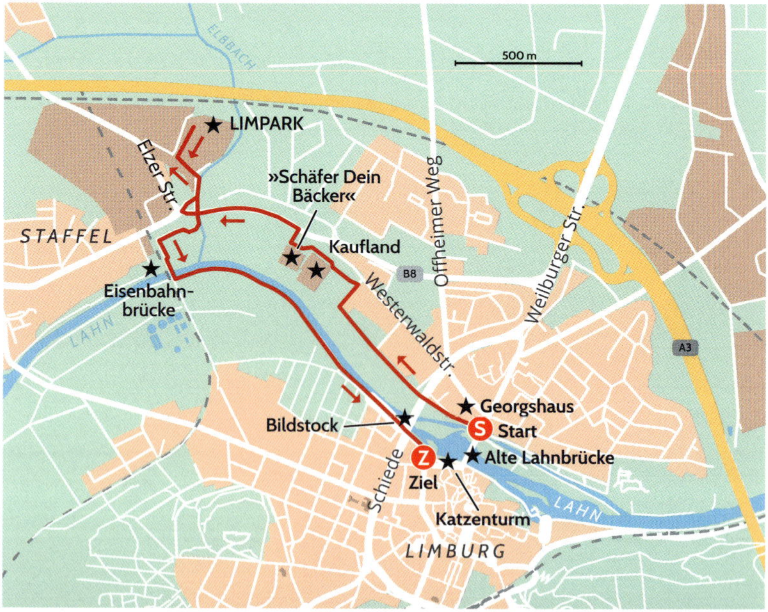

Start ist am Schleusendamm. Rechts daneben das Georgshaus.

Der Weg beginnt am **Schleusendamm**, zwischen dem **Altenwohnheim Georgshaus** in der Westerwaldstraße und dem **CARGO-Beachclub**. Diese Strandbar bietet feinen Sandboden oberhalb der Lahn. Für Essen, Trinken und Beat ist ebenfalls gesorgt. Wir gehen aber rechts auf dem Schleusendamm entlang. Der schmale Fußweg ist von hohen Bäumen gesäumt und führt, weil geteert, bei jedem Wetter trockenen Fußes bis zum Einkaufszentrum Kaufland. Jetzt geht es ein paar Meter Richtung Westerwaldstraße. Es empfiehlt sich, quer über den großen Parkplatz zu laufen, vorbei am »Kaufland«, am »Gartencenter Dehner«.

Wer sich zwischendurch in der Familienbäckerei mit Café stärken möchte, ist immer willkommen. »Schäfer Dein Bäcker« bietet neben den klassischen Waren frische, selbst kreierte Snacks wie den »Schäferburger«, ist nach wie vor handwerklich orientiert und zählt zu den größten Arbeitgebern der Region. Am Ende des Parkplatzes überqueren wir schon mal die B8 und gehen beim Autohaus Keller nach links, Richtung Staffel und Elz. Nach etwa 700 Metern entlang der B8, kommen wir zur großen Staffeler Kreuzung und biegen in der Haarnadelkurve scharf nach rechts ab. Die Schilder berichten schon

Bis zum Lahneinkaufszentrum geht es entlang der Lahn.

vom Restaurant **Schnitzel'S** und vom **LIMPARK**.

Wer später den gleichen Weg zurückgehen möchte, kann den kleinen Feldweg nur ein paar Meter weiter auf der rechten Seite getrost vergessen. Wer aber einen längeren Spaziergang über die Eisenbahnbrücke und auf der anderen Seite der Lahn machen möchte, sollte diesen Weg auf dem Rückweg nutzen und sich die Kreuzung und die Hauptstraße sparen. Aber davon später.

Jetzt geht es zunächst über das Gelände. Das »Schnitzel'S« lassen wir links liegen. Rechter Hand sehen wir schon die Wohnmobile von **»LIMCAM-**

Schon das Zuschauen beim Bubble Ball ist lustig.

PER«. In diesen Hof biegen wir ein. Der Eingang von Hessens größter Multisportanlage wirkt auf den ersten Blick eher unscheinbar.

Unternehmungslustige sind hier aber genau richtig. Manches ist, zumindest für die älteren Semester, wie das Eintauchen in eine andere Welt. Ob Indoor-Kart, Indoor- und Outdoor-Paintball, Lasertag, Soccer, Bubble Ball, Arrow Tag oder Escape Room – auf 20.000 Quadratmetern finden große und kleinere Besucher, aber auch Familien und alle Gruppen, viele Möglichkeiten zu spielen. Der Besuch des LIMPARKS ist für Kinder etwa ab 10 Jahren geeignet.

Lasertag – etwas für junge Leute.

Die große Indoor-Kartbahn ist ein Vergnügen für Rennfans.

Seit dem Wiederaufbau ist die Eisenbahnbrücke einspurig.

LIMPARK GMBH
Elzer Straße 2-4
65556 Limburg Staffel
Tel.: 06431-25006
mail@limpark.de
https://limpark.de/

Wer jetzt ausgepowert ist, kann den gleichen (und kürzeren) Weg einfach zurücklaufen. Ansonsten geht es zurück zum Eingang des Areals, zum besagten kleinen Feldweg. Er führt unter der Straße durch bis kurz vor die alte **Staffeler Eisenbahnbrücke**. Sie gehört zur Bahnstrecke Limburg-Altenkirchen. Der schmale Weg über die Brücke wird von Radfahrern und Fußgängern gleichermaßen genutzt. Das erste Teilstück dieser Strecke verband Limburg mit Hadamar und wurde im Jahr 1868 eröffnet.

Während des Zweiten Weltkriegs wurde die Brücke zerstört. »Die Menschen balancierten damals nur noch auf den Schwellen, um ans andere Ufer zu gelangen«, berichtet ein Zeitzeuge. Nach ihrem

Wiederaufbau ist die Trasse nur noch einspurig. Die Widerlager und der Strompfeiler stammen noch von der ehemaligen Eisenbahnbrücke. Deshalb sind sie breiter als die restliche Brücke. In einer Höhe von rund zwei Metern ist am südlichen Ende eine Hochwassermarke vom 8. Februar 1984 angebracht.

Der Stein erinnert an Heinrich Moritz, der 1688 fast ertrunken wäre.

Wenn wir die Brücke passiert haben, führt der Weg in einer Kehrtwendung parallel zur Brücke ans Ufer der Lahn. Hier ist ein kleines Feld, wo Blumen geschnitten werden können. Vom Ufer aus könnte man links weiter nach Diez laufen (oder radeln), unser Spaziergang führt uns aber nach rechts, vorbei an grünen Wiesen und Feldern auf dem Leinweg nach Limburg. Jede Menge Jogger kreuzen unseren Weg, Paddelboote ziehen an uns vorbei.

Am Ende des Pfads, kurz vor der neuen Lahnbrücke, steht ein dreigeteilter **Bildstock**, mit einem glatten unteren Sockel, einem barocken Mittelstück und einem kleinen Häuschen im oberen Bereich. Dieses beherbergt den heiligen Christophorus mit dem Jesuskind auf der Schulter. Den Gedenkstein mit dem Hünen, der als einer der 14 Nothelfer gilt und das Jesuskind über das Wasser trägt, haben Magdalena und Heinrich Zeibel aus Dankbarkeit vor über 300 Jahren für die Errettung ihres Sohnes gestiftet. Anderthalb Kilometer weiter vorne auf dem Hochwasserstein am Domfelsen (siehe auch Kapitel »Vom Katzenturm zur Pestinsel«) steht das dazugehörige Datum: Am 12. Dezember 1688 war Hochwasser in Limburg, und an diesem

Auch im Herbst lässt sich die Strecke gut laufen.

oder an einem der nächsten Tage fiel der damals achtjährige Heinrich Moritz Zeibel in die Lahn. Wer außer dem heiligen Christophorus an der Rettung beteiligt war, ist leider nicht überliefert. Man weiß aber, dass der Bub mit seinen Eltern und Geschwistern in der Nieder- oder Untermühle, wie sie auch genannt wurde, lebte.

Diese Mühle stand nur einige Meter vom jetzigen Standort des Gedenksteins, etwa auf Höhe des Katzenturms und dahinter. Der Vater des Jungen war ursprünglich Müller in Runkel. Ihm hatte der Trierer Erzbischof die Limburger Untermühle 1678 in Erbpacht übergeben. Trotz des Unfalls am Wasser, der ihn fast das Leben gekostet hätte, wurde auch Heinrich Moritz junior Müller. Er übernahm im Jahr 1707 die Mühle und zahlte seine Geschwister aus. Auch dessen Sohn und Enkel führten die Untermühle weiter, bis diese schließlich verkauft wurde und 1775 abgerissen werden sollte. Da die Limburger aber ihre zweite Mühle unbedingt behalten wollten, kam es zum Bürgerauflauf von 1789, der für die Renovierung der Mühle und die späteren neuen Eigentümer, die Familie Zimmermann, sorgte. Die Untermühle wurde schließlich 1915 von der Stadt übernommen. Zehn Jahre später wurde dort ein Wasserkraftwerk eingerichtet. 1957 übernahm die Energieversorgung Limburg das ehemalige Mühlenanwesen.

Wir sind fast wieder am Ende unseres Spaziergangs. Sobald wir unter der **Lichfieldbrücke** (neue Lahnbrücke) durchgegangen sind, sehen wir schon die Busempfangsstation der **Tourist-Info** und den **Katzenturm**. Von hier zeigt sich die alte Lahnbrücke mal wieder in ihrem schönsten Licht. Sobald wir die Lahnbrücke passiert haben, stehen wir rechts, hinter dem Turm, wieder vor unserem Auto – und nehmen wieder viele schöne Erlebnisse mit nach Hause.

Lichfieldbrücke dank der Partnerschaft

Die 375 Meter lange Lichfieldbrücke zählt mit ihrem vierstreifigen Ausbau zu den Hauptverkehrswegen der Stadt. Sie führt die Bundesstraßen 8, 49 und 54 über die Lahn in die Innenstadt und ist in der Gegenrichtung der Zubringer zum Autobahnanschluss Limburg-Nord der A3. Sie wird in den kommenden Jahren erneuert werden. Ihren Namen hat die Brücke von der englischen Partnerstadt Lichfield. Diese Ringpartnerschaft mit Sainte Foy-lès-Lyon wurde 1992 begründet. Mit Sainte Foy-lès-Lyon in Frankreich verschwisterte sich die Domstadt bereits 1967. 1972 folgte Oudenburg in Belgien. Immer wieder finden in den Städten Begegnungen und gemeinsame Veranstaltungen von Vereinen, Verbänden und Institutionen statt. Außerdem sind auch viele private Freundschaften entstanden.

Die Autorin

Anette in Concas kennt Limburg von A bis Z, samt seinen Ecken und Winkeln. Die gelernte Fotografin, Journalistin und PR-Redakteurin arbeitet nach Auslandsjahren in Sardinien seit über 30 Jahren für Zeitungen und Magazine. Sie ist in der Domstadt aufgewachsen und hat schon als junger Mensch einen Stadtführerkurs besucht. Ihr warmherziges Interesse an Menschen, alten Mauern und Geschichte ist nach wie vor unersättlich. Privat lebt sie mit ihrer Familie und vielen Tieren auf einer alten Mühle.

Bildnachweis

Alle Fotos von Anette in Concas außer:
Seite 141 und 143: Pfarrgemeinde Dietkirchen/privat
Seite 145 und 149: WERKStadt/privat

Liniennetzplan

Legende

- Haltestelle beidseitig
- Haltestelle einseitig
- Linienweg wird in Pfeilrichtung befahren

Linienwege:

- Linie LM-1
- Linie LM-2
- Linie LM-3
- Linie LM-4
- Linie LM-5
- Linie LM-6
- Linienweg im Tunnel
- Bahnhof
- [A] Bussteig

Kartengrundlage: © openstreetmap.org – Mitwirkende

Stadtlinie
LIMBURG AN DER LAHN

Gültig ab 1. Februar 2020

EINKAUFSSTADT
LIMBURG
Limburg & Du
gut zu Fuß
...zum Shoppen, Ausgehen, Leben

Route 10
Route 13
Elzer Str.
Offheimer Weg
STAFFEL
B8
Westerwaldstraße
Weilburger Str.
A3
LAHN
LIMBURG
Route 6
12
5
3
1
4
LAHN
7
Route
Route 2
11
Diezer Straße
Limburger Str.
Wiesbadener Str.
Route 9
BLUMENROD
500 m